菏泽市社科联 2024 年度课题（名称：鲁西崛起背景下"淘宝村"转型发展中的乡村治理研究）；菏泽学院 2023 年度大学生创新创业项目（题目：鲁西南崛起背景下"淘宝村"发展转型中乡村治理问题调查）阶段性研究成果。

鲁西崛起背景下"淘宝村"发展转型中的乡村治理研究

张伟平　著

天津出版传媒集团
天津科学技术出版社

图书在版编目（CIP）数据

鲁西崛起背景下"淘宝村"发展转型中的乡村治理研究 / 张伟平著. -- 天津：天津科学技术出版社，2024.5
　　ISBN 978-7-5742-2143-7

Ⅰ.①鲁… Ⅱ.①张… Ⅲ.①电子商务 – 作用 – 农村 – 社会主义建设 – 研究 – 中国 Ⅳ.①F724.6②F320.3

中国国家版本馆CIP数据核字(2024)第096284号

鲁西崛起背景下"淘宝村"发展转型中的乡村治理研究
LUXI JUEQI BEIJING XIA "TAOBAO CUN" FAZHAN ZHUANXING ZHONG DE XIANGCUN ZHILI YANJIU

责任编辑：吴文博
责任印制：兰　毅

出　　版：	天津出版传媒集团 天津科学技术出版社
地　　址：	天津市西康路35号
邮　　编：	300051
电　　话：	（022）23332377
网　　址：	www.tjkjcbs.com.cn
发　　行：	新华书店经销
印　　刷：	河北万卷印刷有限公司

开本 710×1000　1/16　印张 14.25　字数 200 000
2024年5月第1版第1次印刷
定价：98.00元

前 言

生活在变革的时代，每一次技术的进步不仅改变了人们的生活方式，也重新定义了经济、社会与文化的关系。从蒸汽机的发明引发的工业革命，到当今的信息化时代，每一个转折点都是社会进步的标志。近年来，鲁西的崛起与"淘宝村"的异军突起，不仅仅是一个经济现象，更是乡村治理转型与升级的生动注脚。鲁西，作为我国经济版图的一部分，历史上一直都是中国经济发展的关键区域。然而，随着全球化和技术进步的加速，这一地区正在经历一场前所未有的变革。电子商务作为这一变革的领头羊，推动了整个区域的经济与社会转型，而"淘宝村"更是这场变革的最佳见证。

近年来，鲁西的经济发展令人瞩目，它不仅仅是数字上的增长，更是生活方式、价值观和文化的巨大转变。其中，"淘宝村"的出现无疑是一个引人注目的现象。随着全球电商的发展，越来越多的乡村地区开始探索互联网经济带来的机遇，鲁西地区也不例外。鲁西地区成功地将传统的农村经济与现代的互联网经济结合起来，创造出了"淘宝村"这一独特的发展模式。然而，与经济发展相伴随的，还有乡村的社会转型和治理模式的变革。治理，作为本书的另一个核心概念，其意义远远超出了简单的管理或控制。在现代社会，特别是在经济全球化背景下，治理更多地涉及平衡各种利益关系、在变革中维持稳定，以及确保社区成员的参与和权益。乡村治理，在这样的背景下更是面临前所未有的挑战。乡村治理历来是我国乡村研究的重要领域，而在鲁西，这一研究领域似乎有了新的进展。在传统乡村治理的基础上，将互联网思维与之结合成了其必须接受的新挑战。

本书就是基于这一问题的探讨，旨在通过对鲁西崛起背景下"淘宝村"转型发展的研究，为乡村治理提供新的视角和思路。本书深入探讨乡村治理的理论基础，包括治理理论、善治理论、自治理论等，并结合鲁西的具体实践，探讨其在实际中的应用和局限性。同时，本书对"淘宝村"的发展成就和新挑战进行详细的剖析。电商给乡村带来了什么？乡村又为电商做出了哪些贡献？在这一过程中，乡村又面临哪些新的机遇？这些都是本书试图回答的问题。

本书还深入探讨乡村治理的思路和路径。这一部分重点关注乡村治理在"淘宝村"转型发展中的作用和价值。如何更新乡村治理理念？如何构建有"淘宝村"特色的乡村治理体系？这些问题的回答，对于学者更好地理解乡村治理具有重要意义。最后，本书对"淘宝村"的未来发展进行展望，试图为学者的相关研究提供参考。

目 录

第一章 鲁西崛起与"淘宝村"转型发展的时代背景 …………… 001
    第一节 鲁西崛起的时代背景 ………………………………… 001
    第二节 鲁西"淘宝村"转型发展的时代背景 ……………… 010

第二章 "淘宝村"转型发展中乡村治理的相关概念与理论基础 … 017
    第一节 相关概念 ……………………………………………… 017
    第二节 中国共产党的基层治理理论 ………………………… 024
    第三节 中华传统政治文化中蕴含的乡村治理基因 ………… 033
    第四节 创新扩散理论 ………………………………………… 043

第三章 电商驱动下的乡村治理变迁 ……………………………… 047
    第一节 电商驱动下的乡村治理变迁机制 …………………… 047
    第二节 电商驱动的乡村治理变迁实践 ……………………… 058

第四章 鲁西崛起背景下"淘宝村"发展的成就 ………………… 076
    第一节 稳扎稳打,农村电商持续领先 ……………………… 076
    第二节 搭乘电商快车,赋能乡村振兴 ……………………… 083
    第三节 探索"非遗+电商"发展模式 ……………………… 089

第五章　鲁西崛起背景下"淘宝村"发展的新挑战 098
第一节　网商经济关系结构的嬗变 098
第二节　"互联网下乡"与社会转型 108
第三节　"淘宝村"的国际化发展 113
第四节　"淘宝村"发展的驱动条件 119

第六章　鲁西崛起背景下"淘宝村"转型发展中乡村治理思路 132
第一节　高度明确政治、经济、文化逻辑机制 132
第二节　"淘宝村"转型发展中的现代乡村治理框架 137

第七章　鲁西崛起背景下"淘宝村"转型发展中的乡村治理路径 146
第一节　更新乡村治理理念，强化"淘宝村"发展顶层设计 146
第二节　统一行动框架，做好乡村治理转型升级的规划 155
第三节　培养技术人才，强化"淘宝村"人才振兴举措 171
第四节　培育乡村特色品牌，创新"淘宝村"电商产业链 178
第五节　完善乡村治理体系，构建具有"淘宝村"特色的"三治一体"治理体系 187

第八章　结论与展望 198
第一节　结论 198
第二节　展望 208

参考文献 217

第一章 鲁西崛起与"淘宝村"转型发展的时代背景

第一节 鲁西崛起的时代背景

一、与时代目标相符

(一)国家的战略支持

在现代化的推进过程中,政府的角色尤为重要。而鲁西,以菏泽为代表,其崛起的背后与自身的努力以及国家的战略支持密切相关。这不仅反映在对菏泽的战略支持上,也体现在整体的区域发展规划中。菏泽位于山东半岛城市群的西部,从地理位置上看,它是重要的枢纽。这个城市不仅是鲁西的经济、文化中心,也是连接东西部、南北部的重要交通节点。随着经济的发展和对外交往的日益增多,一个地理位置如此重要的城市必然会受到特别的关注。

国家对菏泽的战略支持,显然不仅仅是地理位置的考量。在整个国家层面的战略布局中,平衡区域发展、实现中部地区崛起是近年来的明确方向。在这样的背景下,国家对于中西部的开发投入日趋加大。菏泽作为一个典型的中部城市,其发展潜力巨大。政府明确表示要大力扶持中西部地区的发展,这为菏泽带来了前所未有的机遇。无论是在基础设施建设、产业升级还是在技术创新方面,菏泽都能在政策、资金和资源方面得到强大的支撑。国家的支持并不是简单的资金注入,而是一个全面的、系统的扶持。这涵盖了教育、医疗、文化等多个领域,使得整个菏泽地区在各个方面都得到了加强。而这些,正是一个地区持续、稳定发展的基石。与此同时,菏泽地方政府不甘落后,积极响应国家政策,主动融入大的发展格局。菏泽地方政府不仅吸引外部投资,也鼓励本地企业"走出去",同时大力引进外部先进的技术和管理经验,为菏泽的发展创造了良好的内外部环境。

(二)与国家经济发展目标高度一致

菏泽的城市总体规划呈现出与省级和国家级经济发展目标高度一致的特点。这种一致性并不是简单复制或模仿,而是根据本地的实际情况,与国家的大目标相结合,发挥其独特优势。当前,众多城市都在寻找新的增长点,试图在新的经济形态下找到自己的定位。菏泽的成功,正是因为它敏锐地捕捉到了新旧动能转换的趋势,迅速地调整了自己的发展策略。

这样的转型并不容易,它需要政府的明确指导,需要资金的支持,更需要创新力量的驱动。菏泽正是凭借其与时代目标相符的定位,吸引了大量的资本和创新力量。许多高新技术企业、研发机构和创新团队看到了菏泽的潜力,纷纷选择在这里落户、发展。资本和创新是推动经济发展的两大驱动力。当这两者汇聚在菏泽,这个城市便成了新旧动能转换的主阵地,它的发展速度和影响力也就不言而喻了。而这背后,政府的作用是不可忽视的。政府为企业和创新团队创造了良好的发展环境,为资本提供了充足的回报空间,为整个地区绘制了清晰的未来蓝图。

(三)具备社会责任与可持续发展视野

政府的行动和决策经常被视为一个国家或地区发展的关键因素。而当这些行动和决策与时代的目标相吻合时，它们不仅可以推动经济增长，更加深化了政府与人民之间的联系，加强了社会责任感。菏泽的成功在很大程度上得益于政府与时代目标的高度一致。菏泽并不单纯地追求经济增长，而是在追求经济发展的同时，注重社会福利和环境保护，从而实现全面、协调、可持续的发展。这种对发展的深刻理解，不仅给当地带来了经济上的收益，更重要的是为未来的发展打下了坚实的基础。

菏泽对于经济发展与社会责任的结合有着深入的认识。一个城市的崛起不仅仅是经济数据的增长，更是社会各方面的和谐发展。这意味着必须确保每一个市民都能从经济发展中受益，确保社会福利得到提升，确保环境得到良好的保护，确保文化和传统得到传承。同样，在环境保护方面，菏泽与国家和省级政府的目标高度一致。在追求经济增长的过程中，环境经常被忽视，但菏泽深知可持续发展的重要性。为了确保今天的发展不会牺牲明天的资源和环境，菏泽采取了一系列措施，旨在确保环境得到最好的保护，确保资源得到合理的利用。这种对经济发展、社会福利和环境保护的三者结合的理念，使得菏泽成为一个真正意义上的可持续发展的典范。这种发展模式不仅为当地创造了财富，更为未来创造了可能性。与此同时，这种与时代目标相符的政策和决策也为菏泽带来了广泛的支持和认可。公众看到了政府的努力和决心，看到了菏泽未来的希望和潜力，从而更加坚定地支持政府，与政府共同为菏泽的未来而努力。

（四）综合交通枢纽的战略地位突出

在现代社会中，交通与物流无疑是推动经济发展的核心动力。作为重点枢纽城市，菏泽深刻体现了政府与时代目标的完美结合，彰显了"政府与时代目标相符"在鲁西崛起中的关键地位。菏泽坐拥综合交通枢纽的战略地位，不仅成了地区的核心，也连接了更广大的区域，促进了地区间的紧密合作和交流。这种战略地位不仅仅是地理位置上的，更多的是基于其在交通和物流发展上的前瞻性和开放性。为了应对不断增长的交通需求和发展机遇，菏泽不断完善和扩展其交通网络，使其更加高效、快速和安全。

政府的大力支持是菏泽能够迅速发展交通枢纽的关键。这种支持不仅仅是财政资金的支持，更多的是政策和规划的支持。通过对交通发展的前瞻性规划，政府确保了菏泽的交通网络不仅能满足当前的需求，更能应对未来的挑战。交通枢纽的发展为菏泽带来了巨大的经济机会。这不仅仅体现在直接的经济收益上，更多的是对于菏泽的长远发展和周边地区的经济带动。综合交通枢纽意味着更多的人流和物流，这自然带动了相关产业的发展，如旅游、商贸、物流等。同时，交通的便利性吸引了更多的企业和投资者到菏泽投资兴业，进一步推动了经济的发展。而对于周边城市和地区，菏泽的交通枢纽地位也为其带来了更多的经济机会。它成了一座桥梁，连接了周边地区和更广大的市场。这不仅促进了周边地区的经济发展，也为其带来了更多的合作和交流机会。从更广阔的视野看，菏泽的交通枢纽地位对整个鲁西地区的发展起到了关键作用，推动了鲁西地区的整体发展。

二、主导产业多元化

在当今社会经济的发展过程中，产业结构的多元化是城市竞争力的重要指标。鲁西地区，尤其是菏泽，已经为人们所熟知，其中很大部分归因于其主导产业的多元化。菏泽的多样化主导产业为这个城市带来了显著的优势，面对全球化的大背景，任何一个依赖单一产业的城市都可能面临巨大的风险。这是因为，一旦这个产业面临困境，整个城市的经济也将受到严重的打击。菏泽明智地选择了不同的道路。其多样化的主导产业，不仅增强了经济的韧性，使城市能够在面对外部冲击时更为稳健，也让城市在不同的经济周期中保持持续的增长动力。

多元化的产业结构还有助于资源的优化配置。当一个城市拥有多种产业，资源可以根据每个产业的需求得到更为合理的分配。这意味着，当某一个产业面临困境，资源可以迅速地重新配置到其他有增长潜力的产业中，从而使城市的经济增长保持持续的活力。另外，多元化的产业可以使城市在全球市场上具有更多的竞争力。当全球市场对某一类产品的需求减少时，城市可以依靠其他产品来稳定经济增长，而不会因为市场的波动而受到太大的影响。这也意味着，菏泽可以吸引来自不同领域的投资，为其带来更广泛的合作伙伴和更多的经济增长机会。

鲁西地区，在中国的经济版图中日渐崭露头角。背后的推动力之一便是主导产业的多元化。其中，新兴产业的崛起更是起到了关键作用，为地区的经济发展注入了源源不断的活力。在众多新兴产业中，新能源、新材料和电子商务等领域在菏泽展现出了强烈的发展势头。与之前传统的主导产业相比，这些新兴产业更具有技术含量和创新性，能够有效地吸引高端人才和资本注入。对于一个地区来说，新兴产业的迅速发展不仅意味着经济增长，也预示着一个地区在全球经济版图中的竞争地位正在上升。

新能源与新材料领域反映了现代科技进步和人们对可持续发展理念的追求。这两大领域的发展不仅能满足国内日益增长的市场需求，还有望将产品出口国外，拓展更广阔的市场。与此同时，随着全球对可再生能源和绿色材料的日益关注，新能源与新材料产业也将为菏泽带来更多与世界各地合作的机会。

电子商务的发展则与现代互联网技术和数字化转型紧密相连。这一产业的迅速崛起使得菏泽在国内乃至国际市场占据了一席之地。电子商务不仅带动了线上零售、物流、金融等相关产业的发展，还改变了当地人的消费习惯和生活方式。这些新兴产业的发展为菏泽提供了大量的就业机会。与此同时，它们促进了技术和资本的集聚，使得菏泽成了资金、技术、人才和信息流动的中心。这种集聚效应为地区带来了更多的发展机遇，也吸引了更多的企业和投资者前来寻求合作与投资。

三、高效的项目投资管理

（一）社会资金利用率和回报得到明显提升

作为鲁西的代表，菏泽凭借高效的项目投资管理赢得了外界的广泛关注和赞誉。菏泽的成功并不局限于数字和数据，更多的是一种管理哲学的体现。一个地区的发展总是伴随着大量的项目建设和投资决策。但如何确保每一分钱都花在了刀刃上，又如何确保每一个项目都能够按时完工并达到预期的效果，这需要高度的管理智慧。菏泽展现出的高效性意味着其在这一方面已经走在了时代的前列（图1-1）。

图1-1　鲁西淘宝村建设成果

社会资金的利用率和回报是衡量一个地区项目投资管理效果的直观指标。从数据来看，菏泽在这方面已经达到了一个相当高的水平。这不仅意味着项目的快速完成，更意味着每一分钱都被高效利用，每一个项目都在为社会创造更多的价值。这种高效性的背后是一个系统的、科学的管理体系。但仅仅靠高效的管理是不够的，更重要的是如何确保资金的合理利用和较高的投资回报。这需要在项目选择、资金配置、风险管理等多个环节上做到精准和高效。而菏泽所取得的成果恰恰说明了其在这些环节上已经形成了一套行之有效的方法。投资者和政府在短期内看到的明显的经济效益和社会效益，不仅仅是数字的增长，更是对菏泽项目投资管理能力的肯定。这种能力为菏泽带来了更多的投资机会，也为鲁西的崛起注入了强大的动力。

（二）推动地方项目多样性和地区均衡发展的效果显著

在快速发展的背景下，高效的项目投资管理已成为支撑地区持续繁荣的核心要素。在鲁西，菏泽被视为标杆，它展示了如何通过精准的策略实现项目投资的高效管理，进而推动地方的全面发展。而说到菏泽，不得不提的是它对项目多样性和地区均衡的出色处理。面对大量的省重点项目和市重点项目，菏泽成功地确保这些项目涵盖多个领域和地区，映射出的不仅仅是管理智慧，更是对地区均衡发展的深刻理解和实践。

地区发展的均衡性并不是简单地在每个地区都开展项目，而是要确保每个项目都能对应地区的实际需求，能够真正促进地方经济的增长。这种做法避免了资源的浪费，确保了每一笔投资都能产生最大的效益。而当这些项目涵盖了多个领域时，就能够创造出更多的经济增长点，进而为地方经济注入更强劲的动力。菏泽通过均衡发展，不仅提高了各个地区的经济水平，更减少了地区间的发展差距，这不仅有助于提升地方的整体竞争力，还为整个鲁西地区的综合发展打下了坚实的基础。在推动整个鲁西地区的综合发展中，项目多样性和地区均衡无疑起到了决定性的作用。正是这一策略使得鲁西地区在面对外部挑战时，更加稳定和有韧性，能够持续地、均衡地发展。

（三）社会资本参与的积极性较高

在鲁西这片充满活力的土地上，崛起的脉络背后隐藏着高效的项目投资管理这一核心力量。其中，菏泽所展现出的投资管理才华引人注目。在这座城市中，不仅政府在投资上下了功夫，社会资本的参与度也很高，这一现象为鲁西的整体发展提供了强大的动力。这种多元化的资金来源在多方面展现出其无可替代的价值。在财政层面,社会资本的大量注入显著减轻了政府的财政压力。众所周知,一个城市或地区的发展,往往需要大量的资金支持。而这些资金如果完全依赖政府,很可能导致财政预算紧张,甚至影响其他重要的公共服务和社会福利。但有了社会资本的大力参与,政府便有了更多的空间和选择,不仅能确保各个项目顺利进行,还能保障其他公共领域的正常运作。

值得一提的是,社会资本参与还为菏泽带来了市场机制的优势。在经济学中,市场机制被认为是最有效的资源配置方法,它能确保资源在最需要的地方得到利用,从而实现效益最大化。当社会资本参与项目建设和管理时,这种市场机制的作用便得到了体现。不同的投资者根据自己的判断和分析,选择参与哪些项目,这使得每一个项目必须展现出其真正的价值和潜力,从而确保了整体的高效运作。而高效正是菏泽追求的核心目标。高效的背后,是项目投资的合理管理,是资源的优化配置,更是这座城市对未来的坚定信念。有了社会资本的参与,这种高效得到了进一步的提升,为鲁西的崛起提供了强大的动力。

(四)政策配套和激励机制趋于完善

在一座城市或地区的崛起中,纵观历史,每一次成功都离不开一套健全的政策配套和激励机制。这套机制如同一只看不见的手,悄无声息地推动着整个地区向前发展。在鲁西,高效的项目投资管理显然也离不开这只"手"的指引。特别是在菏泽,这种趋势表现得尤为明显。现代经济学已经证明,政策和激励机制对一个地区的经济增长有着举足轻重的影响。优惠政策、税收减免、补贴等可以为企业和个人提供更为有利的投资环境,进而吸引更多的资本涌入,加速整个地区的经济发展。

正是在这样的背景下,菏泽迅速采取了行动。为了吸引更多的投资,确保每一分钱都能够发挥最大的效益,一系列的优惠政策和税收减免措施应运而生。这些政策为外部的资本提供了清晰的投资蓝图,使其能够迅速地找到最佳的投资点,从而加速项目的进度。当然,仅有优惠政策是不够的。如何确保资金能够被合理使用,如何确保项目能够按时完成,这需要一套更为健全的激励机制。在菏泽,这套机制正在逐步完善中。菏泽通过对项目进度的实时监控,对资金使用的严格审核,以及对相关责任人的奖惩制度,确保了每一分钱都能发挥最大的价值。不可否认,完善的激励机制还可以为企业和个人提供更多的发展机会。在这样的环境下,企业更愿意为自己的项目投入更多的资金和人力,个人也更愿意为自己的事业付出更多的努力。这种良性循环不仅提高了项目投资的效率,更为整个鲁西地区提供了持续、稳定的增长动力。

(五)信息透明与监管机制趋于完善

今天,高效的项目投资管理成为决定一个地区是否能够迅速崛起的关键因素。而对于鲁西,尤其是菏泽,信息透明和监管机制的完善恰恰为其高效管理提供了坚实的基石。想象一个场景,投资者希望在一个新的地区投资,但由于信息不透明,他们对于投资的风险和回报没有明确的了解。在这样的情况下,投资者可能会因为对未知的担忧而放弃投资,从而使得这个地区错失了发展的机会。但在菏泽,情况正好相反。

菏泽明确地认识到,信息透明和监管机制的完善不仅能够吸引更多的投资,更能确保投资的高效使用。其中,公开招标就是一个明显的例子。通过公开、透明的招标过程,菏泽确保了每一个项目都能够找到合适的合作伙伴。这不仅能够提高项目的完成效率,还能确保资金的合理使用。菏泽还通过对每一个项目的详细审核,确保项目的合规性和合理性。但这并不意味着菏泽的信息透明和监管机制就此完善。相反,随着时代的发展和技术的进步,菏泽还需要不断地对这一机制进行更新和完善。但不可否认的是,菏泽已经在这方面取得了令人瞩目的成果。

第二节　鲁西"淘宝村"转型发展的时代背景

一、乡村振兴战略的推动

(一) 产业转型升级

20世纪80年代初期,鲁西地区的农村经济主要靠传统农业和手工业维持。随着经济的发展,传统产业已经难以满足社会发展需求,而乡村振兴战略恰逢其时,成了推动鲁西地区转型的重要动力。

产业转型升级是乡村振兴战略的核心内容之一,这不是简单地更换产业,而是要根据地方的实际情况,找到最适合的发展方向。对于大集镇来说,电商成为一个理想的选择。在全国电商发展迅猛的背景下,大集镇有着得天独厚的地理位置和人才优势。因此,电商不仅成了大集镇的新产业,还为当地带来了巨大的经济效益。电商的发展意味着大集镇不再仅仅依赖传统的农业和手工业,而是开始探索现代化、多元化的产业路径。与此同时,大集镇迎来了大量的就业机会。许多原本选择外出打工的青壮年开始回到家乡,投身电商行业,享受与家人团聚的乐趣,同时带动了家乡的经济发展。但乡村振兴战略的影响,不仅仅体现在产业的转型升级上。它还为大集镇带来了一系列的政策优惠和资金支持。这些政策和资金为大集镇的发展提供了坚实的保障,也激发了当地居民的创业热情。

(二) 人才聚集与利用

当前,乡村不再是一个与世隔绝、停滞不前的地方,随着乡村振兴政策的深入推进，鲁西的"淘宝村"成为一个繁荣的商业中心，这背后离不开众多有志之士的共同努力。人才被誉为地方发展的"活动资产"，它既是地方经济发展的动力，也是地方文化和科技进步的源泉。乡村振兴政策不仅注重硬件建设和产业发展，更看中人才的聚集与利用，相信只有吸引到足够多的优秀人才，乡村的未来才会更加光明，大集镇正是这一策略的实践者。随着电商产业的崛起，大集镇的形象和地位发生了翻天覆地的变化。作为一个新兴行业，电商产业对人才的需求特别大。它需要有技术背景的研发人员、有市场敏感度的销售人员、有管理经验的运营人员等。大集镇不但成功地为这个行业提供了一个发展的平台，还吸引了大量的优秀人才回乡参与这个行业的建设。

胡春青和孙志国就是其中的代表。胡春青是一个博士生，拥有丰富的学术背景和研发经验，孙志国则凭借在海外的学习和工作经历，为大集镇的电商产业带来了国际化的视野和先进的管理理念。他们是大集镇电商产业的领军人物，他们的到来，不但提升了大集镇的电商产业的技术和管理水平，还吸引了更多的优秀人才加入这个行业。可以说，乡村振兴战略赋予了大集镇一个崭新的定位，电商产业的崛起则为这个小镇带来了无限的可能。但背后的成功，更多的是因为有那么多优秀的人才，愿意回到家乡，为家乡的发展而努力。

二、经济社会发展的要求

（一）消费模式的转变

当新的商业模式诞生并逐渐融入经济社会发展体系中，它往往是对现有模式的挑战，也是对未来趋势的预示。鲁西"淘宝村"的转型发展，正是这种大背景下，经济社会发展要求与电商崛起相结合的绝佳范例。随着互联网技术的日新月异，电子商务开始展现出前所未有的商业潜力和广阔的市场空间。与此同时，当代消费者逐渐从传统的消费模式转向数字化、便捷化的购物体验，这也为电商的飞速发展提供了肥沃的土壤。

但要明白，这并不仅仅是技术的进步带来的改变，更多的是经济社会发展的要求驱动了消费者行为的转变。

回看大集镇的经历，可以看出，它并不是一开始就决定投身电商的。但随着消费者对多元化和个性化的需求越来越强烈，大集镇察觉到了商机。汉服、校服、动漫服等多个品类的拓展，不仅是对外界流行趋势的响应，也是对内在需求的深度挖掘。当消费者寻求与众不同、展现个性的时候，这些具有独特魅力和文化底蕴的产品便应运而生，满足了市场的这一特定需求。不过，满足消费者需求仅仅是初级阶段，如何持续满足并创造新的需求，是电商发展的核心。大集镇的成功并不仅仅在于捕捉到了消费模式的转变，更在于它如何通过这一转变，不断地创新和拓展，为消费者提供更加丰富和深度的购物体验。例如，定制化的服务、更为快捷的物流、更加贴心的售后等，都是大集镇在电商崛起中与经济社会发展要求结合的重要环节。从宏观角度看，大集镇的电商转型也是对国家发展战略的积极响应。在数字经济时代，电商不仅仅是一种新的商业模式，更是一种推动经济增长、增加就业、促进创新的重要手段。大集镇的成功为其他乡村提供了宝贵的经验和参考，展示了在新的经济形态下抓住机遇、创新发展的路径。

（二）技术赋能与产业升级

当提到经济社会发展的要求，一个显而易见的时代背景便是技术赋能与产业升级的浪潮。在这个背景下，鲁西"淘宝村"实现了惊人的转型与发展。其中，技术的进步与普及，尤其是电商技术的赋能，起到了至关重要的作用。技术赋能不仅是一种简单的工具应用，更是一次深层次的产业变革。这种变革带来的，不仅仅是生产方式、销售方式的更新，还有企业内部管理、客户关系建设、市场定位等各方面的全面提升。从一个宏观的角度看，这为大集镇带来了与城市同等的竞争机会，甚至在某些方面拥有了优势。电商平台的普及和崛起，为大集镇带来的直接好处就是连接了全国乃至全球的市场（图1-2）。

图 1-2　鲁西淘宝村技术赋能与产业升级成果

这意味着，大集镇的商户不再受限于地理位置，可以直接与数亿的消费者进行互动和交易。但更为重要的是，随着技术的赋能，电商平台为商户提供了丰富的数据支持和分析工具。这使得商户能够更为精准地了解消费者的需求和喜好，对自己的产品和服务进行持续的优化和创新。除了数据分析，客户关系管理也是技术赋能带来的重要利器。在传统的销售模式中，与客户建立深厚的关系需要投入大量的时间和精力，而效果往往难以保证。但在电商平台上，商户可以通过系统的管理工具，对每一个客户的购买记录、反馈、喜好等进行追踪和分析，从而为其提供更为个性化和高质量的服务。这种服务不仅可以提高客户的满意度和忠诚度，还可以形成口碑效应，吸引更多的新客户。同时，技术的进步使得商户能够通过各种在线营销工具，如社交媒体、内容营销、搜索引擎等，更为有效地进行品牌宣传和市场拓展。

（三）地方产业与全球市场的接轨

鲁西"淘宝村"之所以能够实现卓越的转型与发展，与其成功把握住时代趋势，利用电商平台打通"村与世界"的通道是分不开的。大集镇的商户不再仅仅依赖周边的市场，而是借助互联网的力量，跨越山川和海洋，直接面向全国、全球的消费者。这种跨越地域的销售方式，不仅极大地拓宽了市场规模，也带来了前所未有的商机。

与此同时，电商平台提供的各种工具和服务，如在线支付、物流追踪、数据分析等，使得商户可以更加轻松地进行跨境交易。这意味着大集镇的商户不仅可以轻松地销售产品，还可以根据不同市场的反馈，对自己的产品和服务进行持续的优化。这种与市场的即时互动无疑为地方产业的升级和创新提供了有力的支持。更为重要的是，随着地方产业与全球市场的接轨，大集镇也逐渐在全球化的大潮中找到了自己的位置和优势。原本可能被视为"乡土"的产品和服务，在全球市场上却具有独特的魅力和竞争力。这不仅带来了商业上的成功，还为大集镇的文化和特色赋予了新的意义和价值。当然，这种成功并不是轻而易举的。要实现地方产业与全球市场的接轨，商户需要具备前瞻的视野、敏锐的市场洞察力，以及不断创新和学习的精神。正是这种努力和追求，使得大集镇从一个普通的乡村成长为全球电商的重要基地，为整个地区带来了繁荣和希望。

三、互联网技术的普及

（一）互联网技术门槛的降低

在新时代的大背景下，互联网技术的普及成为推动乡村，特别是鲁西"淘宝村"转型发展的重要力量。这种转型不仅仅是经济形态的改变，更是对乡村传统商业模式和思维方式的革新。谈及互联网技术的普及，技术门槛的降低是一大推动力。回想过去，商业活动，尤其是电商活动，往往需要专业的技术团队、复杂的软硬件设置，以及大量的前期投资。但随着技术的进步，这些复杂的步骤已经被简化。对于大集镇的居民来说，简单的培训和学习就足以掌握开设淘宝店的基本操作。这种技术门槛的降低给那些渴望创业,但又缺乏资源和经验的人们提供了机会。

正因如此,大集镇逐渐汇聚起一股创业热潮。许多年轻人不再选择外出打工或从事传统行业,而是选择在家门口开设淘宝店,进行电商活动。这种转变为当地创造了大量的就业机会,也形成了一个积极、向上的创业氛围。更为重要的是,这种氛围进一步吸引了外地的资金和资源,为大集镇的发展注入了新的活力。在这背后,不得不提的还有互联网技术给商户带来的各种便利。例如,数据分析工具可以帮助商户更精准地了解消费者的需求,进行市场定位;社交媒体和直播平台为商户提供了与消费者直接交流的渠道,帮助他们更好地进行品牌宣传和营销活动。可以说,互联网技术改变了人们的思维方式。在这个开放、共享、协同的时代,大集镇的商户不再满足于简单地销售产品,而是探索如何提供更有价值、更有特色的服务和体验。这种探索和创新为大集镇的长远发展奠定了坚实的基础。

(二)市场覆盖范围的扩大

互联网技术的普及,如同春风化雨,孕育出一片又一片繁茂的商业森林。特别是对于一些乡村地区,这种技术革命带来的是前所未有的商业机遇。对于鲁西"淘宝村"而言,电商不仅仅是一种新的销售方式,更是一种转型与发展的重要驱动力。考虑到电商平台的特性,商户不再受限于地理位置,可以轻松地触达全国乃至全球的消费者。这意味着无论是山区、偏远乡村还是都市,只要有互联网连接,商家就可以打破地域限制,展示自己的产品和服务。对于大集镇的商户而言,这是一个极为重要的市场拓展机会。在这一背景下,大集镇不再仅仅是一个地理概念,更是一个可以被全世界认知和了解的品牌。就以往而言,当地的产品或许只能在附近的市场或者小镇销售,市场覆盖范围有限,竞争激烈。但现在,通过电商平台,无论是手工艺品、农产品还是其他特色商品,都有可能被消费者在数千千米之外看到,从而为商户带来了更广阔的市场空间。

这种市场覆盖范围的扩大，不仅增加了销售量，也加速了品牌建设。想象一下，当一个消费者在电商平台上看到一个吸引眼球的产品，并了解到这是来自大集镇的，对于这个镇的印象会更加深刻。每一次成功的交易都可能成为一次品牌推广的机会，每一个满意的消费者都可能成为品牌的传播者。随着市场覆盖范围的不断扩大，大集镇的产品也开始得到更多的认可和赞誉。这也带动了整个镇的经济发展。

第二章 "淘宝村"转型发展中乡村治理的相关概念与理论基础

第一节 相关概念

一、乡村治理

乡村治理的探讨横跨了中国悠久的历史,从古代帝制时期便有其雏形。这一领域的现代研究,实质上是对广泛治理理论的应用和扩展[①],特别是在乡村社会建设的背景下。乡村治理作为一个概念,吸引了众多学者的关注,并从多个维度对其进行了深入的分析和定义。这些定义主要集中在三个方面:权力运作、治理主体和治理方式。在权力运作方面,乡村治理的讨论着重于如何在乡村社区内部分配和执行权力。这涉及权力如何在不同的乡村治理层级之间流动,以及这种权力流动对乡村社区成员的影响。权力的运作不仅关系到决策的制定,还涉及决策如何实施,

---

① 苏敬媛.从治理到乡村治理:乡村治理理论的提出、内涵及模式[J].经济与社会发展,2010,8(9):73-76.

以及这些决策对乡村社会的长期发展有何影响。治理主体的讨论则关注参与乡村治理的各方,这不仅包括乡村社区内部的个体和组织,还有政府机构、非政府组织以及私营部门。每个治理主体都在乡村治理过程中扮演着独特的角色,贡献着自己的资源和专长,共同推动乡村社会的发展和进步。治理方式则涵盖了乡村治理的策略和方法,这关乎治理主体如何协同工作,以及采取何种手段来实现共同的目标。治理方式的多样性反映了乡村社区面临的复杂挑战,以及解决这些挑战所需的创新思维和灵活策略。

在探讨乡村治理的复杂性时,理解权力如何在农村社区中运作尤为重要。吴毅和贺雪峰在2000年的研究中提出,治理的核心在于公共权力的组织、管理和调控社区事务。这里的公共权力不仅涵盖农村社区内部的权力,也包括国家层面的权力。这个观点揭示了乡村治理不仅是局限于小范围社区内部的事务,而是涉及更广泛的国家和社区之间的相互作用[①]。徐秀丽在2004年强调,农村治理是一个过程,涉及农村公共权威对社区的管理,并致力增进公共利益[②]。这个定义进一步强化了治理作为一个动态过程的观点,不仅仅关注权力的存在,更重视如何有效利用这些权力以促进社区福祉的提升。从乡村治理的主体角度来看,治理的多元性成了一个关键的讨论点。郭正林在2004年的研究中指出,乡村治理涉及多种不同性质的组织共同管理乡村公共事务[③]。这包括乡镇层面的政府及其附属机构,以及村级层面的村两委、妇女会等各种协会。这个观点突出了乡村治理中各种组织之间的合作与互动,展现了治理过程中的

---

① 吴毅,贺雪峰. 村治研究论纲:对村治作为一种研究范式的尝试性揭示[J]. 华中师范大学学报(人文社会科学版),2000(3):39-46.
② 徐秀丽. 中国农村治理的历史与现状:以定县、邹平和江宁为例[M]. 北京:社会科学文献出版社,2004:16-17.
③ 郭正林. 乡村治理及其制度绩效评估:学理性案例分析[J]. 华中师范大学学报(人文社会科学版),2004(4):24-31.

多元性和复杂性。这些学者的见解为学术界提供了一个更为全面的乡村治理框架。通过这个框架，人们可以看出乡村治理不仅关注权力的分配和运作，更强调通过不同的治理主体的共同努力，达到增进社区公共利益的目的。这些治理主体之间的协作和互动是实现有效乡村治理的关键，也是促进农村社区可持续发展的重要因素。在这个过程中，乡村治理的成功依赖多个因素的相互作用，包括但不限于权力的合理分配、治理主体间的有效沟通和协作，以及所有参与方对增进公共利益的共同承诺。这种综合性的治理模式要求所有参与者不仅理解自己的角色和责任，还要积极参与到治理过程中，共同面对挑战，寻找解决方案。

在探索乡村治理的多样化路径中，广大学者对治理方式的理解提供了深刻的见解。乡村治理被看作一个涉及多个主体的过程，这些主体在乡村事务的协商互动、管理解决冲突中扮演着关键角色。在这种视角下，治理不仅仅是顶层的指导和管理，而是一个包含村民、政府、非政府组织等多方参与者的协商和互动过程。确保村民参与渠道的畅通成了乡村治理成功的重要条件，这一点凸显了基于社区的参与和民主治理的价值。尽管不同学者在研究乡村治理时可能关注的方面不同，但学者之间普遍认同乡村治理的核心在于实现公共利益的最大化，以及通过多元主体间的互动合作来达成这一目的。这一共识强调了乡村治理的复杂性，即不同利益和视角的协调需求，以及实现这种协调的治理机制和方法。在多主体参与的框架下，乡村治理的过程变得更加复杂和动态。村民、地方政府、社区组织以及其他利益相关者必须在治理过程中进行有效的沟通和协作，共同识别和解决社区面临的问题。这要求治理策略不仅要灵活，还要能够适应不断变化的社会和经济环境，确保治理活动能够真正反映和服务社区成员的需求。

所以，我们在深入探讨乡村治理的概念时，重要的是理解其作为一个多元化框架的本质，而这涉及众多参与者在社会政治、经济、文化和空间建设领域内的相互作用。乡村治理不仅是一个行政行为的集合，还涵盖了正式组织、市场主体和村民之间的协作与互动。正式组织，如乡镇政府和村委会，扮演着关键角色，为乡村社会的稳定和发展制定政策和规划。这些组织负责实施法律、维护公序良俗以及推进社会福利项目，确保乡村发展符合国家和地区的大方向。通过提供基础设施建设、教育资源和卫生服务，正式组织为村民创造了一个更有利的生活和工作环境。市场主体，包括企业家、投资者和各类商业组织，为乡村经济的繁荣提供动力，在乡村治理中的作用体现在投资农业、手工业和服务业等领域，创造就业机会，促进技术和资本的流动。这不仅增强了乡村的经济基础，也促进了地区之间的经济融合，加速了乡村社会的现代化进程。村民作为乡村治理中的基础力量，其参与不可或缺。村民的需求和意愿直接影响治理的方向和效果。村民通过参与决策过程、社区活动和发展项目，能够直接表达自己的利益和关切。这种参与不仅增强了村民对乡村发展的归属感和责任感，也促进了社区内部的和谐与互助。

二、"淘宝村"

"淘宝村"的概念体现了农村电子商务的显著成就，揭示了互联网技术如何深刻地改变农村经济结构和提高农民生活水平。这一现象标志着某些农村区域在电子商务领域的显著聚集效应，其中大量的淘宝商家在此集中发展，促进了当地经济的转型与升级。对于"淘宝村"的识别，存在几个关键的评判标准，确保了其定义的准确性和实用性。率先考虑的是地理和行政维度，即活动范围必须定位在农村地区，并且明确以行政村为基本单位。这个原则确保了"淘宝村"的概念固定于农村特定的社会和行政结构之内，强调了其在地理和行政层面的具体性。之后交易规模的要求揭示了"淘宝村"不仅仅是零星的电子商务活动集合，而是达到一定经济规模的商业聚集。具体而言，农村电子商务的整体交易额必须突破一千万元这一显著门槛。这个标准体现了"淘宝村"在经济活动中的重要性和影响力。最终还要看网商规模的标准，要求在该村活跃的卖家数量必须超过100家，或者活跃的网店数目必须超过该村家庭户数的十分之一①。这一准则强调了"淘宝村"内部电子商务活动的密集程度和参与度，确保了这些区域不但在数量上达标，而且在质量上展现出电子商务的活跃态势。

"淘宝村"的兴起和发展揭示了一种新型的产业集群模式，它在许多方面与传统的产业集群有着显著的相似之处，特别是在如何利用外部规模经济带来的优势上。在"淘宝村"的背景下，这种外部规模经济不仅促进了企业之间的协作和专业分工，还显著提高了整体经济效率，这是"淘宝村"能够在竞争激烈的市场环境中脱颖而出的关键因素之一。通过集聚效应，"淘宝村"能够吸引大量网络商家汇聚于此，这种密集的商业活动为企业之间的分工合作提供了肥沃的土壤。企业间的这种协作不限于生产领域，还扩展到了物流、营销、技术支持等多个方面，形成了一个高效运作的商业生态系统。这种生态系统内的企业能够共享资源、信息和客户，进一步提升了分工的效率和专业化水平。另外，"淘宝村"内部企业之间的紧密合作促进了分工的细化。在这种模式下，每个企业可以专注于其最擅长的领域，无论是产品设计、生产、包装还是物流配送，每个环节都能够实现高度的专业化和效率化。这种分工的细化不仅使得整个产业链条更加精细和高效，还为消费者提供了更加丰富多样和高质量的产品和服务。"淘宝村"的这种经济模式展现了如何通过网络平台和电子商务技术，将传统的外部规模经济优势转化为实际的经济增长和发展动力。这种模式的成功在于它能够充分利用互联网的全球连接性，打破地理界限，使得小规模的农村企业也能够接触到全国乃至全球的市场，极大地增加了农村企业的商业机会。

---

① 汪凡,汪明峰.生命周期视角下淘宝村发展的时空特征分析[J].上海城市规划,2021（2）：8-15.

三、电子商务技术

电子商务作为当代商业领域中的一种革命性力量，已经深刻地改变了我们购买商品和服务的方式。这种商务活动的特点在于其高度的信息化、数字化和网络化，它不仅仅是一个购买和销售的平台，更是一个涵盖了广泛社会经济交互的综合体系。尽管电子商务的概念在广义上包括通过电话、手机等电子设备进行的所有商务活动，但本研究聚焦的是基于计算机网络，特别是互联网进行的商务活动，这也是电子商务在狭义上的主要表现形式。狭义的电子商务利用计算机和互联网技术实现了商务活动的全过程数字化，包括商品的展示、交易的洽谈、交易的完成、后续的服务等。这种方式允许消费者和企业突破物理距离的限制，实现市场的全球化。对消费者而言，电子商务提供了更为便捷的购物体验，使得任何时间、任何地点的购物成为可能，大大扩展了消费者的选择范围。同时，对于企业来说，电子商务不仅降低了运营成本、扩大了市场范围，还提高了市场响应速度、增强了企业的竞争力，本研究正是以狭义的电子商务为视角进行相关观点论述的。

农村电子商务代表了一种新型的商业模式，它将现代信息技术与农业生产经营紧密结合，致力优化农产品的生产、销售和分配过程。这种模式不仅涉及农业生产的各个环节，包括生产管理、在线销售、电子支付、物流配送及顾客服务，还强调通过互联网等电子信息技术来全面掌握农产品的经营和管理流程。通过电子商务，农村地区能够有效地打破地理限制，直接连接广阔的市场。这种连接不仅使得农产品能够迅速、高效地达到消费者手中，还为农产品提供了更大的市场暴露机会。特别是对于具有地方特色的农产品和产业而言，电子商务成了一个强有力的平台，能够向更广泛的受众宣传这些特色产品，从而不断扩大销售规模和渠道。农村电子商务的成功依赖几个关键组成部分，其中的生产经营管理是基础，确保农产品从田间到餐桌的每一个环节都能够高效、有序地进行。在线销售平台则为农产品提供了展示和交易的空间,使得消费者能够轻松地浏览、选择和购买农产品。互联网电子支付系统简化了交易过程,为消费者和农户提供了便捷、安全的支付方式。物流配送管理保证了农产品能够及时、准确地送达消费者手中,顾客交流管理则强化了消费者与生产者之间的沟通,提升了消费者的满意度和忠诚度。特色经济的推广是农村电子商务的另一个亮点,通过电子商务平台,农村地区能够大力宣传本地的特色产品和产业,吸引更多消费者的注意和兴趣[1]。这种宣传不仅增加了产品的销量,还有助于提升地区品牌的知名度,进一步促进地区经济的发展和繁荣。

电子商务平台作为创业的舞台,为众多创业者提供了一个具有吸引力的选择。这种商业模式因其低风险、低成本的特点,以及未来发展潜力的广阔,成了许多人投身创业海洋的首选。对于农民创业者而言,电子商务不仅为他们打开了新的经营渠道,还为他们的产品找到了更大的市场。电子商务平台降低了创业门槛,创业者不需要投入高昂的实体店铺成本,即可开始自己的业务。这种线上模式省去了传统商业中的许多中间环节,如租赁费用、装修费用及长期的店铺维护费用,使得初始投资大幅度减少。因此,对于预算有限的农民创业者来说,电子商务是一种经济实惠的创业途径。电子商务的低风险特性也是吸引创业者的一个重要因素。与传统的实体商务相比,电子商务通过网络销售的方式有效避免了因地理位置不佳、客流量少等因素导致的商业风险。创业者可以通过网络平台,轻松接触到全国乃至全球的潜在客户,这种广阔的市场前景使得电子商务成为一种具有吸引力的创业方式。对于农民创业者而言,电子商务不仅仅是销售产品的新渠道,更是一种促进农村经济发展的有效工具。通过电子商务,农民可以直接将农产品销售给消费者,缩

---

[1] 张佳,王探.电子商务对农村经济发展影响及其空间差异研究:基于浙江省淘宝村的问卷调查分析[J].世界地理研究,2020,29(5):952-961.

短供应链，提高产品的利润空间。同时，电子商务为农产品打开了新的市场，特别是具有地方特色的农产品，通过网络平台的宣传和销售，可以极大地提升其品牌价值和知名度。

第二节 中国共产党的基层治理理论

一、乡村治理理论的出现

中国共产党自成立之初便将基层治理视为其工作的重要组成部分，对于基层治理的理论与实践探索始终贯穿党的发展历程。历经多年的努力与积累，党在基层治理方面取得了丰富的理论成果，逐渐构建起一套较为完备的思想理论体系。这一体系吸纳了改革开放以来的实践经验，反映了党在不同历史时期对基层治理问题的深入思考与系统总结。

中国共产党在推进乡村治理过程中，始终将基层群众尤其是农民的主体地位放在重要位置。早在1933年的中央苏区南部十七县经济建设大会上，党就强调了在经济建设运动中，大量工作干部的必要性。历经土地斗争、经济斗争和革命战争的考验与锻炼，广大农民中涌现出无数优秀的干部。这些从基层群众中脱颖而出的干部，被视为乡村治理和经济建设的中坚力量。这种做法体现了中国共产党对基层群众主体地位的高度重视，也展现了党在革命时期就开始致力培养和利用基层群众的能动性和创造性。通过积极调动农民参与乡村经济建设的积极性，中国共产党旨在将农民转变为乡村治理的主体力量，这不仅有助于提升乡村治理效能，也是促进农民自我发展和实现农村经济社会全面进步的重要手段。在此过程中，广大农民不仅是乡村治理的参与者，更是乡村发展变革的推动者,通过参与乡村治理实践,积累了宝贵的经验,提高了自身的能力,为乡村经济社会发展做出了重要贡献。这些基层干部和群众的积极参与,形成了乡村治理的强大动力,推动了乡村治理结构的优化和治理能力的提升。

在中国共产党的领导和治理理念中,农民群体的主体地位被特别强调和重视,这一点在党对人民主权思想的深刻理解和实践中得到了明显体现。中国共产党,作为工人阶级的先锋队,始终坚持人民是国家的主人这一根本原则,将维护和实现人民利益作为治理国家的核心要求。特别是在中华人民共和国成立前的历史背景下,农民人口在国家总人口中的比例超过90%,这一庞大的群体无疑成了国家社会变革和发展的主力军[1]。中国共产党坚信,党的工作必须紧紧围绕人民利益展开,党自身没有任何独立于人民群众之外的特殊利益,党的权力和地位来源于人民的信任和授权。这种理念不仅指导了党的政策制定和实践活动,也决定了党与人民群众之间的密切关系,即党员应当源于人民,服务于人民,与人民同甘共苦。在该思想指导下,中国共产党高度重视农民群体的权利和地位,认为农民不仅是国家的重要组成部分,更是推动社会前进的关键力量。通过各种政策和措施,如土地改革、农村发展策略等,党不断赋予农民以更多的权利,提升其在国家政治、经济和社会生活中的主体地位。

中国共产党治理国家的权力来源于人民的委托,这一点在党的历史上有着深刻的体现。党深知只有通过接受人民的广泛监督,才能确保其治理行为符合人民的意愿和利益,从而获得最广泛的支持。这种由下而上的治理理念,特别是在土地革命时期开始,党就在乡村治理体系的构建中积极探索,力求建立一个既符合广大农民需求又有效的管理模式。

---

[1] 何显明.治理民主:国民主成长的可能方式[M].北京:中国社会科学出版社,2014:14.

在土地改革时期，中国共产党通过在根据地内的实践活动，不断地探索和试错，逐步完善乡村治理体系。在这一过程中，党致力更有效地改造乡村的权力结构，确保农民真正成为乡村治理的主体，实现了农民的当家作主。这种治理模式的构建过程，紧紧围绕政治、经济和文化的逐步推进和多措并施的策略展开，旨在全面提升乡村社会的发展水平，确保农民利益的最大化[1]。在早期乡村治理体系的探索中，党的组织和领导力量在干部选拔、政策制定和利益分配等各个方面发挥了重要作用。通过精心挑选和培养干部，制定符合农民需求的政策和公平合理的利益分配机制，中国共产党确保了乡村治理体系的有效运行，促进了乡村社会的健康发展和农民福祉的提升。

二、乡村治理理论的进一步丰富

自 1979 年以来，中国共产党在治理实践中不断积累和创新，形成了一系列丰富的治理理论和制度体系。这一时期标志着中国在政治、经济、法律和社会治理等领域的深刻变革，党和国家的领导制度改革得到加速，民主和法治建设逐步深化，社会公平正义得到促进，基层治理体系不断健全，人民权益得到有力保障。这些变化为中国建立现代治理体系提供了重要的理论指导和实践参考。20 世纪 80 年代初，党和国家确立了以经济建设为中心的发展方针，明确提出通过发展经济来提高广大人民的生活水平。这一方针引导了中国经济的快速增长和社会的全面发展，也为改善人民生活创造了条件。在乡村治理方面，坚持实事求是的原则成为指导思想，党致力激发广大农民的创造热情，推动农村生产力的发展。这一时期，农村改革采取了大胆的尝试，如安徽省的包产到户制度改革，引发了全国范围内的广泛讨论，这些改革举措极大地调动了农民的积极

---

[1] 李术峰. "统合型" 乡村治理体系研究：以新中国成立初期农村变迁为视角（1949—1956）[D]. 北京：北京大学，2019:12-13.

性,促进了农业生产力的提升和农村经济的快速发展。

在此背景之下,中国农村经济体制经历了深刻变革,其中家庭联产承包责任制的实施成为一项重要创举。这一制度的推广极大地激发了农民的生产积极性,有效释放了农业生产潜力,使得农民的基本生活问题得到了根本解决,生活水平得到了显著提升。在基层民主建设方面,制度的改革也体现了党和国家对人民主体地位的重视和尊重。从小岗村的首次尝试到全国范围内家庭联产承包责任制的广泛推行,都是基层民主建设的重要组成部分。赋予农民更多的权利和自主权,不仅促进了农村经济的快速发展,也为国家治理体系和治理能力现代化提供了有力支撑。这些措施和成果不仅体现了在经济领域对农民生产潜力的解放和激发,也在政治领域体现了对民主和自主的重视,为中国特色社会主义民主政治建设积累了宝贵经验,对于推进国家治理体系和治理能力现代化具有深远的意义。

三、乡村治理思想的进一步发展

在1998年的安徽调研中,党中央对农村基层民主建设的重要性给予了强调,指出加强农村基层民主建设、切实维护广大农民的民主权利不仅是社会主义民主在基层落地生根的重要表现,也是激发农民积极性和创造性、推动农村物质和精神文明建设的关键。这一论述深刻揭示了基层民主建设的双重意义:既是实现民主政治根本目的的必要途径,也是促进农村全面发展的重要手段。实行基层民主建设的具体做法,包括大力开展民主选举、民主决策、民主管理和民主监督。这些措施旨在保障人民群众能够直接行使自己的民主权利,参与到自己事务的管理中来,确保他们能够在社会主义民主的框架下,依法创造并享受幸福生活。这一系列的民主实践旨在在基层社会中深化民主意识,培养民主习惯,从而为中国特色社会主义民主政治的发展奠定坚实的基础。此外,党中央还明确指出,发展中国特色社会主义民主政治需要循序渐进,以基层民主为起点逐步探索和推广,用党内民主引领社会民主的整体进步。这一策略体现了在中国国情下发展民主政治的实际路径,即通过基层的成功实践来积累经验、形成模式,进而逐步推向全面发展。扩大基层民主,实际上是在确保人民群众能够依法管理自己的事务、创造自己的幸福生活的同时,进一步推广社会主义民主的广泛实践。这一方向不仅强化了民主制度的根基,也为民主政治的健康发展提供了生动的实践案例和有力的支持。基层民主建设的推进,对于提高农村治理水平、促进农民权益的实现、加强社会主义法治建设具有重要意义。民主选举、民主决策、民主管理和民主监督等形式能够有效增强农民对自身权利的认识和行使能力,提升他们对民主政治的参与度和满意度,从而为社会主义民主政治的深入发展打下坚实基础。

国家对乡村基层民主制度的进一步完善,旨在保障农民的切身权益,确保他们能够在日常生活中享有更多的民主权利。这不仅包括物质权益的保障,也深入到精神文明的建设中。在物质文明和精神文明并重的背景下,党和国家强调了文化建设的方向性问题,认为文化方向和内容的选择反映了一个政党的思想和精神面貌。因此,加强乡村文化建设被视为提供精神食粮、增强农民对党和国家认同感、凝聚乡村共识的重要途径。随着社会主义民主政治的发展,强调人民享有更多更切实的民主权利成为基层治理的重要目标。人民通过直接行使民主权利,管理基层公共事务和公益事业,不仅实现了自我管理、自我服务、自我教育和自我监督,也对干部实行民主监督。这种直接民主的实践,被认为是人民当家做主最有效和最广泛的途径,成为发展社会主义民主政治的基础性工程的重点。乡村基层民主制度的完善和发展,体现了对农民主体地位的重视和尊重。通过提供更多的民主渠道和平台,农民能够积极参与到乡村治理中,共同商讨和解决乡村发展中的问题,有效提升了农村治理的质量和效率。同时,乡村文化建设的加强,通过丰富多彩的文化活动和精神产品,满足了农民精神文化生活的需求,增强了他们的文化自信和自豪感，促进了乡村社会的和谐稳定。乡村基层民主制度的发展和文化建设的推进，共同促进了农民权益的全面保障和精神文明的提升。这不仅为农民提供了更广阔的发展空间，也为中国特色社会主义民主政治的发展注入了新的活力。通过这些措施，国家不断推进社会主义民主政治的基础性工程，确保民主不仅仅是一种政治制度的形式，更是一种全社会共同参与、共同建设的生动实践。

与此同时，在推进基层民主发展的过程中，有关指导意见强调了健全基层党组织领导下的充满活力的群众自治机制的重要性。这种机制的目的是扩大有序参与，推进信息公开，加强议事协商，强化权力监督，以此为重点，拓宽民主参与的范围和途径，丰富民主的内容和形式。这样的措施旨在保障人民享有更多更切实的民主权利，确保民主实践更加贴近群众的实际需求，更有效地反映人民意愿和利益。在基层选举方式的创新上，强调了基层党组织领导班子成员的选举应结合党员和群众的公开推荐与上级党组织的推荐。这种方法的目的是逐步扩大基层党组织领导班子直接选举的范围，探索扩大党内基层民主的多种实现形式。这样的选举方式能够更好地结合党内外的意见，保障选举过程的公正性和民主性，使基层党组织领导班子更加准确地反映基层党员和群众的意愿，提高领导班子的质量和效率。健全充满活力的基层群众自治机制，可以有效地促进基层民主的深入发展。这种自治机制不仅涉及选举，还包括日常的管理、决策、监督等方面，使基层民主成为群众日常生活的一部分，真正实现民主制度的根本目的——实现和保障最广大人民群众的利益。有序参与的扩大和信息公开的推进，能够增强民主过程的透明度，提升群众对民主实践的认同感和满意度。议事协商和权力监督的加强，能够确保民主决策更加科学合理，民主监督更加有效严格。基层选举方式的创新和多样化，是深化基层民主的重要举措。党员和群众的推荐与上级党组织的推荐相结合，不仅保障了选举的民主性和广泛性，也体现了党内民主与社会民主的有机结合。探索基层党组织领导班子直接选举的范围扩大和多种实现形式，有助于进一步活化基层党组织的生活，增强基层党组织的凝聚力和战斗力。

另外，党中央的指导思想中，强调了对农村民主自治水平提升的重视，特别是通过加强经验的总结和概括，实行"四议两公开"制度，以此不断增强农村的民主治理能力，并切实维护和保障广大农民的民主权利。这一制度的实施旨在确保农村决策的透明度和公开性，让农民能够真正参与到农村公共事务的管理中，从而提高农村治理的民主性和科学性。在此期间，农业、农村和农民问题成为中央关注的重点，每年中央的一号文件都聚焦于此，反映了党和国家对"农业""农村""农民"问题的高度重视。这一时期，正值改善农业、农村和农民发展状况的初始阶段，对于促进农村经济社会发展，实现农民增收具有重要意义。实行"四议两公开"制度，即通过村民议事会议、村务监督委员会议、村民代表会议、财务决算会议和村务公开、财务公开，确保农村决策的民主化和透明化。这种制度安排使得农民可以直接参与到村级事务管理中，对村级领导班子的工作进行监督，有效保障了农民的知情权、参与权、表达权和监督权。推进城乡发展一体化，是在科学发展观指导下，对农村治理进行全面系统规划的重要体现。其主要通过优化城乡布局、加强基础设施建设、推广现代农业技术、提升公共服务水平等措施，逐步缩小城乡差距，提高农村居民的生活质量和幸福感，构建和谐社会。

四、乡村治理理论内容的全面深化

党的十八大以来，党中央对国家治理和乡村治理理论进行了进一步的深化与发展，积极探索治国理政的新思想。在这一过程中，党中央明确提出了关于国家治理体系选择的原则，强调国家治理体系的选择受到国家历史传承、文化传统和经济社会发展水平的影响，并由国家的人民来决定。这表明我国今天的国家治理体系是在我国历史传承、文化传统和经济社会发展基础上，通过长期的发展、渐进改进和内生性演化的结果。这一原则不仅凸显了中国国家治理体系的独特性,也强调了治理体系必须根植于本国的实际情况,反映人民的意愿和需求。在新时期社会转型和矛盾变化的背景下,推进国家治理体系和治理能力现代化成为总目标。这意味着要对现有治理体系进行创新和完善,使之更加科学、合理和有效,以应对复杂多变的国内外环境和挑战。推进国家治理体系和治理能力现代化,要求在坚持和发展中国特色社会主义的基础上,深化政治体制改革,推进法治国家、法治政府、法治社会建设,加强制度建设,确保各项制度更加成熟定型。同时,要求加强党的领导和党的建设,确保党在新时代保持和增强政治领导力,引领国家治理体系和治理能力现代化。在乡村治理方面,党中央提出要加强和创新社会治理,推进乡村振兴战略,发展现代农业,提升农村经济社会发展水平。这包括加强农村基层组织建设,发展农村民主,保障农民权益,提升公共服务水平,以及促进农村文化繁荣等。通过这些措施,旨在建立更加公正合理的乡村治理体系,提升乡村治理能力,为实现全面建成小康社会和乡村振兴提供坚实基础。

在当前形势下,基层治理面临诸多挑战,要求我们必须清醒地认识到基层治理能力的不足,发挥制度优势,坚持不懈地推进各项改革工作,以提升乡村治理的现代化水平。在推进乡村治理现代化的过程中,先要坚定改革的目标和信心。这意味着要坚持以人民为中心的发展思想,确保改革措施能够真正回应农民的需求和期待,提高他们的生活质量。同时,必须有责任心地推进改革,确保改革举措的实施能够稳妥有序,既能够解决现存问题,又能够预防潜在风险,确保改革成果的稳定性和持续性。之后要发挥制度优势,这包括完善法律法规,确保乡村治理有法可依、有规可循。通过法治手段来规范乡村治理行为,提升乡村治理的规范性和透明度,是提高乡村治理现代化水平的重要方面。同时,需要加强基层党组织建设,发挥党组织在乡村治理中的领导核心作用,确保乡村治理方向的正确性和改革措施的有效实施。另外,加强基层民主建设也是提升乡村治理现代化水平的重要方面。通过推进村民自治、完善村民议事会等机制，增强农民参与乡村治理的能力和渠道，不仅能够提升农民的满意度和幸福感，也有利于形成共建共治共享的社会治理格局。在此基础上，提高乡村治理能力还需要加大投入，改善乡村基础设施，提高公共服务水平，通过科技手段提升治理效率，如利用信息技术建立乡村治理信息平台，提高决策的科学性和精准性。

党中央提出的"德法共治"国家治理思想自党的十八大以来，已成为中国共产党治理理念的重要组成部分。这一思想体现了德治与法治在国家治理中的结合，强调法律与道德的相互支撑与制约关系，提出了"法律是成文的道德，道德是内心的法律"的观点。这不仅表明了德治与法治之间的互补性，也强调了在实现社会治理现代化的过程中，法律与道德都发挥着不可或缺的作用。在此治理观念下，法律被视为社会行为的外在规范，是对人们行为的直接约束和规范。道德则被看作内在的自我约束机制，是社会成员内心的自觉遵守和认同。法律的有效实施依赖道德的支撑，道德的实践也需要法律的约束。这一观念突出了法律与道德在调节社会关系、维护社会秩序方面的共同作用，强调了国家治理中德治与法治相结合的重要性。"德法共治"不仅仅是一种理论概念，更是对乡村治理等各领域具有实际指导意义的理念。在乡村治理中，法律提供了行为规范和纠纷解决的基础，道德则是维系乡村社会和谐、促进乡风文明的重要力量。通过德法共治，可以促进乡村治理体系和治理能力现代化，构建和谐稳定的乡村社会环境。在实践中，实现德法共治需要做到几点：一是加强法治建设，完善法律法规体系，确保法律公正、公平、透明地实施；二是推动德治建设，弘扬社会主义核心价值观，培养良好的社会风尚和个人品德；三是加强德法教育，通过教育引导公民认识法律与道德的重要性，提高公民的法治意识和道德素质；四是创新社会治理，探索德法结合的治理模式，使法治和德治相得益彰。

在推进乡村治理和实现法治国家的过程中，提升广大村民的综合素质是一个不可或缺的环节。这是因为人既是法治的对象，也是法治的主体。为此，强调建立现代治理能力的关键在于促进人的素质发展，特别是要通过教育和培训，实质性地提高广大群众的文化水平和法治素养。提升群众的法治素养不仅仅关乎法律知识的普及，更重要的是通过法治教育让群众理解法治的精神、尊重法律的权威、学会依法维护自己的合法权益。这样，群众不仅能够在日常生活中遵守法律、运用法律，还能够在遇到问题时，通过法律途径来解决，有效预防和减少社会矛盾和冲突。同时，基层领导干部作为乡村治理的关键力量，他们的法律素养和治理能力直接影响乡村治理体系的效能和效率。因此，需要对基层领导干部进行专业的法律和治理能力培训，强化他们的责任意识和创新意识，使其能够坚持法治思维，有效运用马克思列宁主义的理论和方法来指导实践工作。通过深入基层、密切联系群众，基层领导干部能够更加准确地把握乡村治理的实际需求，有效提升治理能力。党的十九大以来，乡村振兴战略的提出及自治、德治、法治相结合的乡村治理体系的构建，标志着乡村治理进入了新的发展阶段。

第三节 中华传统政治文化中蕴含的乡村治理基因

党的十九大以来，对于中华优秀传统文化的重视与弘扬，特别是在政治文化和乡村治理思想的传承方面，已经成为构建中国特色社会主义文化的关键一环。中华传统文化，以其源远流长、博大精深的特质，不仅承载了中华民族的精神追求和文化成果，更深深植根于中华民族的精神世界，形成了中华民族共同的文化基因。这些文化基因在长期的社会实践中，特别是在乡村治理中，蕴含了丰富的治理智慧和道德规范，对今天乡村治理的现代化具有重要的启示和指导意义。

一、"和而不同"与多元共存、共生、共治的思想

"和而不同"的理念是中华文化中对多样性与和谐共处的深刻理解和高度总结,它不仅彰显了中华文化的包容性和开放性,还为现代社会的多元共存提供了重要的思想资源。这一理念强调,在复杂多变的社会环境中,不同的文化、观念、利益和需求能够在相互尊重和理解的基础上实现和谐共生,共同推动社会的全面发展与进步。具体而言,"和而不同"体现了对差异性的尊重。在社会治理和文化交流中,认识到不同群体、不同文化之间存在的差异,不以一己之见强加于人,而是寻求在差异中发现共性,通过对话和交流促进相互理解,这对于构建和谐社会、推动文化多样性具有重要意义。"和而不同"还强调利用差异性促进共生共长,在乡村治理、经济发展等领域,通过整合不同资源、优势和特色,形成互补和协同,可以有效促进社会的全面发展。这种思想启示我们,在推进社会治理和经济建设时,应充分考虑地域、文化、经济等方面的多样性,发挥各自的优势,实现共赢。"和而不同"也倡导平衡关系的构建。通过和而不同的理念,可以在不同利益主体之间建立一种平衡和谐的关系,促进社会稳定与和谐。这要求在处理社会矛盾和冲突时,采取包容、协商的方式,寻求最大公约数,共同维护社会的整体利益。"和而不同"更促进了创新发展,在尊重和认可差异的基础上,鼓励不同思想、不同文化之间的交流碰撞,激发创新灵感和创造力,为社会进步和文化创新提供源源不断的动力。

这种社会发展观深刻地揭示了"和"与"同"的区别,强调了在社会发展中追求和谐而非单一的同质化。这一观念认为,将"和"与"同"等同起来,忽略了多样性和差异性的价值,是人性的局限,也构成了社会进步面临的重要挑战。在这种思想指导下,社会应当致力创建一个多元共存、互利共生的环境,而非强制统一的框架。其中,"和"作为呼应,体现了一种相互作用和回应的状态。这不仅是指简单的对称或回音,

也是指在社会关系中的相互理解和支持。如同古文《说文解字》所述，"和，相应也"，强调了社会成员之间的互动与沟通，这种互动和沟通基于理解和尊重，促进了社会的和谐与进步。"和"作为思想、感情和观点的趋同，强调了在保持个体差异的同时，社会成员之间能够达成基本的共识和理解。这种共识不是通过抹杀差异实现的，而是在充分交流和理解的基础上，寻找共同点和相互尊重的平台，从而促进社会的整体和谐。"和"强调了不同元素之间的平衡和谐关系。在现代社会中，"和"意味着不同力量、不同利益和不同价值观之间能够建立一种相互依存、相互制约和相互共生的关系。这种关系的建立基于对多样性的认可和尊重，每个元素都能在相互尊重的基础上发挥自己的作用，共同促进社会的繁荣发展。真正的社会和谐不是由外部强加的统一性决定的，而是通过内在的多样性和差异性的和谐共处实现的。这要求社会治理和个人行为都要基于对差异的尊重和包容，通过对话和交流解决分歧，共同寻找合作的可能性。社会的发展和进步不是通过简单的同质化达成，而是通过维持和谐中的多样性、促进不同文化和价值观之间的互动与融合来实现的。

在中国的传统思想文化中，集体主义的理念占据了核心地位，这一点在处理个人与集体的关系时表现得尤为明显。中国传统文化强调的"仁者，爱人"理念，反映了对人与人之间关系的深刻理解，倡导人们应该持有慈爱之心，关爱他人。这种思想不仅体现在个人层面上的人际关系中，更是作为维系社会和谐与秩序的基石。《王制》中的表述"力不若牛，走不若马，而牛马为用，何也？此谓：人能群，彼不能群也"深刻揭示了人的社会属性——群居性，这是人与其他生物的本质区别[①]。这一观点强调了人类社会的共生共荣，指出人之所以能在自然界中占据特殊地位，并非因为个体力量的强大，而是因为人类能够通过社会群体的形

---

① 章可.《礼记·王制》的地位升降与晚清今古文之争[J].复旦学报(社会科学版)，2011(2):124-131.

式，发挥集体智慧和力量。这种思想文化进一步强调了"众""群"的社会关系，认为个体与社会之间存在相互依存的关系。个体是社会的一部分，但这并不意味着社会是由完全相同的个体构成的。相反，社会是由不同个体和谐共处构成的多元体。在这种文化背景下，个体在家庭、族群、社群等社会单元中寻找归属感和身份认同，同时为这些社会单元的和谐发展做出贡献。这种文化传统中蕴含的是一种平衡，即在重视集体利益的同时，关注个体的价值和尊严。

费孝通在其著名著作《乡土中国》中，对中国传统社会中公私观念的错位进行了系统性的探讨。其本人的分析基于对中国社会深刻的理解，指出在中国传统文化中，"私"被视为行为的本源，"公"则是相对缺乏的维度。这一观点揭示了中国传统社会中个人与集体关系的复杂性，以及个体在社会中的行为动机。严复作为近代中国思想界的重要人物，他对中西文化的对比分析中提出，中国社会的秩序建立在孝的基础之上，西方社会则更加强调公共利益。这种比较不仅展示了中西文化在价值观念上的差异，也反映了中国传统社会在维系社会秩序和道德规范上的特殊路径。

在中国的政治文化发展过程中，传统文化的影响深远，尤其是在乡村治理的实践中，这一点表现得尤为明显。进步人士的观点强调，国民所急需的不仅仅是物质财富，还要注重道德修养和精神追求。当前，中国乡村治理面临新的机遇和挑战。在共同的治理目标指引下，不同地区展现出了"和而不同"的治理模式，这种模式既体现了地方治理的多样性，也反映了中国传统文化中关于和谐与多元共存的深刻理解。这种多元共治的理念，体现了一种灵活而开放的治理思维，强调在保持基本治理目标一致性的基础上，尊重和利用地方特色和创新，以实现更加有效的治理效果。随着时代的变迁，中国的国情基础也在不断变化。在这样的背景下，"和而不同"的治理理念不仅得到了持续的维护，还被赋予了新的生命力。这种理念的现代化表达，是对中国传统文化中关于和谐共存和多元融合的深刻理解和创新性继承。它强调在维持社会稳定和推动发展的同时，注重保护地方文化的多样性和促进社会成员之间的相互理解与尊重。在实践中，这种多元共治的理念要求政策制定者和治理实践者在推进乡村治理的过程中，既要有全局性的视角，也要有针对性和灵活性。这意味着，乡村治理的策略和方法需要根据具体的地域特征、文化背景和社会需求来设计和调整，以确保治理措施既能够反映共同的治理目标，又能够尊重和利用地方的特色和资源。

二、"天下为公，选贤与能"的政治思想

在中国古代的哲学和政治思想中，"天下为公"是一个极具影响力的概念，源自《礼记·礼运》。这一思想强调在理想的社会状态下，天下归于所有人共有，社会治理的基础是选拔贤能之人担任领导职务，同时强调社会应建立在信用和和睦的基础之上。这不仅体现了中华民族追求社会公正和和谐的理想，也为国家政治公平的实现提供了理论基础[①]。"天下为公"的观念深深植根于中国的传统文化之中，其核心是强调社会资源、权力和利益应当公平分配，所有人共享社会发展的成果。这一理想鼓励人们追求公共利益高于个人私利，倡导以民众的福祉为出发点和落脚点的治理原则。在古代中国，"贤能"的概念同样占据了中心地位。历史上，许多功绩显著的官员退隐后成为乡贤，这些人在地方治理中发挥了重要作用。明代对乡贤的选拔不仅考量个人的德行和贡献，还重视其社会地位和功名，这反映了当时社会对于贤能人士的广泛尊重和依赖。乡贤不仅以其个人德行和智慧引领社会风气，还通过实际行动促进地方的和谐与发展。"天下为公"和对"贤能"的追求共同构成了中国传统治理理念的核心，对后世的政治、社会乃至文化发展产生了深远的影响。在现代社会治理中，这些思想仍然具有重要的启示意义。具体表现为二

---

① 叶匡政.天下为公,选贤与能[N].深圳特区报,2014-1-7(10).

者强调了公共利益的至上性,提醒治理主体在治理实践中应当优先考虑社会整体的福祉。并且在选拔和任用贤能之人治理社会过程中,强调了人才的重要性和以德治国的原则。最后,这些思想还倡导了社会的和谐与团结,强调通过信用和和睦来维护社会秩序。

在现代社会治理的语境下,历史上提出的"天下为公"这一政治思想依然至关重要,其呼吁社会公平与共享的核心价值观对于构建一个和谐、公正的社会具有深远的意义。从20世纪中国社会的深刻变革中脱颖而出的无数革命先行者和现代化推动者,在深入分析和反思传统社会结构和治理模式的基础上,提出了这一理念,为重塑社会秩序和推进社会正义提供了强大的动力。随着近代以来社会结构的复杂化,特别是工商业的迅速发展和社会分工的日趋细化,社会治理的挑战也变得更加多元和复杂。家庭以外的社会组织形式更加多样化,社会治理的范围和内容需要拓展到更广泛的领域,以适应社会的发展需求。在这一背景下,社会本质上是由不同职能和角色的参与者构成的复杂系统,包括农民、工人、商人等各类社会组织和个体。他们共同形成了一个庞大的社会体系,社会事业的日益多样化和细分要求社会治理能够适应这种不断变化和活跃的社会结构[1]。从这个角度出发,提倡"天下为公"的政治思想不仅是对传统社会秩序的一种超越,也是对现代社会治理理念和实践的重要指引。这一思想强调每个社会成员都应有机会参与到社会治理中来,享有公平的发展机会和基本的社会权益。这种治理模式的核心是促进社会各阶层、各领域的协调与合作,确保社会整体的和谐与进步。

在近代社会的发展脉络中,社会分工和职业分工的日益精细化显现为一个鲜明的特征,体现了不同职业人群和社会领域在差异的基础上,在社会生活中的相互依存和共存状态。这种现象不仅反映了社会运作的复杂性,也揭示了一个重要的认识:社会事业的运行和发展不是个别个

---

[1] 黄彦.孙文选集:上册[M].广州:广东人民出版社,2006:59.

体所能独立承担的,而是需要各个职业群体根据自己的特长和特点,发挥各自的作用,共同参与社会的分工与合作。社会分工的精细化促进了社会向多元化和多样化的方向发展,这一点在中国社会的变革中尤为明显。在中国的社会变革思考中,提出了这样的观点:社会革命的目标不在于简单地推翻资产阶级或视资本家为发展的障碍,而是探索一种更为温和、更具建设性的社会发展路径。这种观念强调,在社会发展的过程中,不同社会阶层和职业群体都可以发挥积极的作用,而不是简单地通过对立和冲突来实现变革。这种方式可以避免社会不稳定因素的出现,确保社会发展的连续性和稳定性。

在当今社会,维护国民的根本利益和保障民生已成为发展的核心。在这一过程中,"天下为公,选贤与能"的观念不仅为新时代乡村治理提供了深厚的思想基础,还为新乡贤制度的构建指明了方向。这一思想体系倡导的共治共享理念,为中国社会治理的现代化提供了重要的理论支撑,强调了社会治理的广泛参与性和多元共治的必要性。"天下为公"倡导的是一种广泛的社会共享,强调公共利益的最大化和社会资源的合理分配。这种思想强调选择有能力、有德行的人来承担领导职责,确保社会治理的公正性和有效性。在新时代乡村治理中,这一观念的实现尤为重要,因为它直接关系到乡村发展的质量和农民福祉的提升。乡村治理中的新乡贤制度建设,需要借鉴和传承古代乡贤文化的精髓,同时根据时代的变迁进行相应的调整和重塑。新乡贤不仅是乡村文化的传承者,更是乡村治理现代化的推动者。他们在促进乡村经济发展、改善乡村治理结构、提升农民生活水平等方面发挥着至关重要的作用。因此,新乡贤的选拔不仅要考虑其道德品质和能力,更要注重其对乡村发展的理解和贡献。为了实现这一目标,需要构建一个开放、公正、透明的选拔机制,确保新乡贤的选拔既能反映民意,又能保障治理效率。此外,新乡贤的培养和使用也需要创新,如通过培训、实践、交流等多种方式,不断提升新乡贤的治理能力和服务水平,使其成为乡村治理中的中坚力量。

同时，乡村治理中的共治共享理念要求政府、乡贤、民众三方面的共同参与和合作。这不仅要求新乡贤能够有效地代表和反映农民的利益和诉求，还要求政府能够提供必要的支持和保障，为新乡贤的工作创造良好的条件。民众的积极参与是乡村治理共治共享理念的实现基础，通过建立健全的民意表达、权益保护、利益协调机制，确保乡村治理的民主性和公平性。

三、从民本社会到民权社会

在探讨官民关系和民本思想的历史脉络时，显而易见的是，这一理念从古至今一直是中华文化的重要组成部分。民本思想，即以民为本，强调民众在国家和社会中的基础和核心地位，这一观念贯穿中国几千年的政治哲学和社会实践。西周时期开始，"民为邦本，本固邦宁"的观念已深植人心[1]，这句话强调了民众是国家的根基，只有民众安定，国家才能稳固和安宁。此外，古代文献中关于官民关系、民本、民权的丰富论述，进一步印证了民本思想的重要性。在古代中国，"民学"成为政治社会思想的主题，其核心价值观也是围绕民本展开。古代不乏提出仁政思想的政治家、思想家和教育家，他们强调国家应当优先考虑民众的福祉。孟子的"民为贵，社稷次之，君为轻"（《孟子·尽心章句下》）进一步确立了民众在政治秩序中的至高地位，而荀子的"天之生民，非为君也；天之立君，以为民也"（《荀子·大略》）则从权力观的角度，明确了君主的权力来源于民，其存在的意义也是为了民众。到了近代，随着社会的发展和时代的变迁，民本思想呈现出更加分化和多样化的特点。民本理念逐渐从哲学和道德层面，转向更具体的社会政治实践，特别是在现代国家治理和民权保障方面的应用[2]。现代社会对于民本思想的诠释和实践，

---

[1] 忻平. 王韬评传[M]. 上海：华东师范大学出版社，1990:43.
[2] 佚名. 中国古代的民本思想：李洪峰谈古代廉政思想之一[J]. 思想政治工作研究，2014(8):60-61.

不仅仅停留在传统的官民关系和民众福祉上，还拓展到了民众参与、社会公正以及权利保护等多个维度。在民本思想的指导下，现代社会的官民关系趋向于更加平等和互动，政府的角色更多地被视为服务者和协调者，而非传统意义上的统治者。民本思想的现代转化，要求政府更加注重民意的收集和反馈，尊重和保障民众的基本权利，通过法治和制度建设，维护社会公平正义，确保民众能够充分参与国家和社会治理，实现真正的民主和自由。

在 1895 年之后，维新运动的兴起标志着中国近代化思想的重大转折。此时期，"民权时代"和"民权主义"的理论观点成为改革思想的风向标。受此影响，传统的民本思想向民权思想演进，强调不仅要关注民众的基本生活需求，更要保障民众的政治权利和社会权益。这种思想变革，体现了中国思想界和政治界对于社会问题的深刻洞察和前瞻性思考。从关注民众的基本物质需求到权益保护，再到公民主体的尊重，这一转变不仅是对民生的关注，更是人们民权意识的觉醒，揭示了一个从传统到现代化过渡期社会的根本需求——民权的确立和保护。通过强调民权的重要性，维新派人士和国内进步人士为后来的政治改革和社会发展奠定了理论基础。这些观点不仅促进了中国社会对于民权的重视，也为中国现代法治体系的建设和公民社会的形成提供了思想资源。它们强调，一个健康、稳定、繁荣的社会，必须建立在尊重和保护每个公民权利的基础之上。随着时间的推移，这些思想的影响逐渐深入人心，成为推动中国社会变革的重要力量。它们促进了民权意识的普及，推动了社会公正和法治建设的进程。在当代中国，民权的概念已经深深植根于国家治理和社会发展的各个方面，成为构建和谐社会的基石之一。从物质需求的满足到权益的保障，再到公民主体的尊重，这一演进过程不仅体现了社会的进步，也展示了中国从传统到现代化的转型道路。

由此可见，在中国的传统政治文化中，民本思想占据了极其重要的位置。这一思想主张在国家治理和社会组织中应当以民为本，强调施政者与民众之间应建立密切且和谐的互动关系。这种关系不仅关系到国家的治理效率,更是维持社会和谐与稳定的基石。中国的民本思想源远流长,其根基深植于中国古代社会的政治体制之中。尽管它诞生于封建社会的特定历史条件下,但其蕴含的深刻内涵远远超越了封建社会的局限,具有跨时代的价值。这一思想不仅是对君主与民众之间应有关系的论述,也是对国家治理原则的深刻反思。它倡导的不仅是对民众的关爱与尊重,更是对民众主体地位的认可与维护,强调君主应当听取民意、顺应民心,实现国家与民众之间的和谐共生。在现代社会,尽管社会形态与治理模式发生了巨大变化,但民本思想的核心价值依旧具有重要的现实意义。它提醒我们在现代化的国家治理过程中,应当继续强调以人为本,尊重和保障民众的基本权利和需求,倾听民声,响应民意。这不仅是对传统民本思想的现代诠释,也是对现代社会治理模式的有益补充。中国农村基层社会治理中的民本思想,特别体现在对农民权益的保护、对农村社会公平正义的追求以及对基层民主的促进上。它要求政府和政策制定者深入基层,了解农民的真实需求和意愿,以此为基础制定和实施更加符合农村实际的治理策略和发展规划。通过加强农村基层民主建设,实现民众参与决策的机制,让农民真正成为自己命运的主人,进一步激发农民的积极性和创造性,推动农村社会的和谐发展。

第四节 创新扩散理论

一、创新扩散理论的提出

创新扩散理论由埃弗里雷特·罗杰斯(Everett M. Rogers)在20世纪60年代提出,旨在探索和解释新思想、技术或产品是如何在一定时间内通过特定的渠道在社会系统中传播的。这一理论背后的基本动机是理解创新是如何被接受的,以及影响其传播速度和广度的因素。罗杰斯的工作不仅基于对个体和集体行为的观察,还深受先前关于社会变迁、心理学和通信研究的启发。该理论的提出,源于其对为什么某些创新能够快速被社会接受而其他则遭遇阻力的好奇。通过对农业、教育、公共卫生等多个领域的长期研究,罗杰斯试图找到影响创新接受过程的普遍规律。创新扩散理论的核心在于,它不仅关注创新本身,也重视创新与潜在采纳者之间的互动过程,以及这一过程中涉及的社会结构和沟通渠道。

他提出新事物从诞生到最终被社会接受应经过四个阶段:新事物或新理念的诞生标志着创新扩散过程的起始,此时,它们尚未被广泛知晓或理解。这个阶段是创新最为脆弱的时刻,因为其需要克服无知和不确定性的双重挑战,寻找到能够认可并尝试的先锋者。随着时间的推进,通过多种渠道,包括媒体传播、社交网络、专业论坛等,人们开始逐步了解和认识到这些新事物或新理念。这一过程的速度受到社会发展水平、通信技术和社群文化的深刻影响。随着认知的逐步深入,社会对新事物的态度开始形成,这是创新扩散走向成熟的关键阶段。进入第三阶段,随着新事物的不断普及和熟知，关于它们的讨论和评价变得更加广泛和深入。在这个过程中，不可避免地会出现怀疑和反对的声音，这些声音可能源于对新事物的误解、传统习惯的阻力或利益冲突。创新在这一阶段面临较大的挑战，需要通过有效的沟通、教育和示范来克服这些反对声音，证明自身的价值和益处。当新事物成功展示了其价值，并通过各种努力克服了初期的障碍和反对之后，会进入广泛接受的阶段。此时，新事物已经在社会中建立了稳定的地位，被大多数人认可和采纳，成为社会生活的一部分。

罗杰斯还提出，新事物的扩散过程存在两种基本的系统模式：中心化扩散系统和非中心化扩散系统。中心化扩散系统的特点是由政府、科研机构或其他权威机构主导，这些机构通过控制信息的发布和传播，确保创新以有序和可控的方式向社会传播。这种模式适用于需要严格监管和质量控制的创新，如医药产品或高科技应用。相对而言，非中心化扩散系统更加强调创新的自然流动和社会成员之间的互动。在这种模式下，创新的传播不依赖单一的权威中心，而是通过个体、社群和网络自发传播。这种方式灵活多样，能够促进更广泛和多元化的创新接受，特别适合于文化、生活方式和社交媒体等领域的新理念传播。

二、创新被社会广泛接受

创新扩散理论深入探讨了新事物或新理念在社会中从诞生到被广泛接受的整个过程。罗杰斯总结了创新成功普及的几个关键特点，这些特点共同决定了一个新事物能否最终在社会中获得普及和接受。具体而言，对于任何创新来说，相较于现有的解决方案或理念，它必须展现出明显的优越性。这种优越性不仅是技术上的，还包括能够显著提高效率、减少成本或增强用户体验的方方面面。而且成功的创新往往融合了当前的主流知识，能够更容易地被目标受众理解和接纳。另外，创新的实用性和可复现性也极为重要，它增强了人们的信任感。最后，创新的可展示性，即成果可以被外界看到和评价，进一步促进了其扩散和接受。

罗杰斯还细致地将接受新事物的人群分为不同类别，包括初期采纳者、早期接受人群、后期接受人群、末期采纳者等，每个群体在创新扩散过程中扮演着不同的角色。早期接受人群和后期接受人群各占总体的较大比例，而处于两端的初期采纳者和末期采纳者则占比较小。这种分类揭示了不同个体对新事物接受的时间差异性和态度差异性，对于理解整个社会对创新的接受过程至关重要。关于创新的传播速率，罗杰斯提出了S型曲线模型，详细描述了创新扩散的速度变化。在创新扩散的初期，传播速度相对缓慢，这是因为只有少数先锋者开始尝试和采纳新事物。当接受创新的人群达到社会总体的一个临界点后，传播速度会急剧上升，表明创新开始得到更广泛的认可和接受。随着越来越多的人采纳创新，增长速度逐渐放缓，直至达到饱和。这一模型有效解释了创新从少数人接受到最终成为社会共识的过程。

近年来，随着网络技术的不断进步和普及，农村电子商务经历了爆炸式的增长，特别是所谓的"淘宝村"概念的出现，为农村经济的发展开辟了新的道路。"淘宝村"的形成和扩散过程完美体现了创新扩散理论的基本原则，即新事物是如何在一定时间内通过特定渠道在社会系统中传播的。"淘宝村"作为一种新兴的经济和社会现象，其传播和接受过程揭示了网络技术与农村经济结合的巨大潜力。"淘宝村"的出现初期，通常是由一些具有前瞻性的农村创业者或小群体最先采纳电子商务平台进行商品销售，这些先锋者在他们的社区中试水电商，开始在线上平台售卖农产品或手工艺品。成功的案例和显著的经济效益吸引了周围的农民关注并逐渐模仿，这一阶段虽然面临许多挑战，如电子商务知识的缺乏、物流设施的不完善等，但是通过先行者的努力和示范，电子商务在农村地区的可行性和益处开始被越来越多的人认识。随着时间的推进，更多的农村商户开始加入电商活动。这一过程中，政府的支持和帮助发挥了至关重要的作用。政府通过提供培训、优惠政策、基础设施建设等多种形式的支持，大大降低了农民接受电商的门槛，加速了电子商务在农村的普及和扩散。此外，农村商户之间形成的关系网络也为"淘宝村"的快速传播提供了有利条件，通过口碑和社区内部的推荐，电子商务的好处和经验被迅速分享。

第三章 电商驱动下的乡村治理变迁

第一节 电商驱动下的乡村治理变迁机制

一、乡村治理变迁：主体、行为与效应

乡村治理变迁，这一概念揭示了随着时间推移，社会环境的演变促使乡村公共事务的管理模式经历了显著的变化。这种变化不仅反映了治理结构的调整，也涉及治理主体、治理行为以及由此产生的多样化效应。在这一过程中，理解各个方面的动态互动对于掌握乡村治理转型的本质至关重要。在乡村治理的转型过程中，治理主体的多元化成为其结构性变化的基础。随着治理主体的多元化，治理行为也变得更加复杂和多样化。这包括但不限于政策制定、资源配置、冲突解决和服务提供等方面。多元主体的参与为治理行为带来了新的视角和方法，促进了治理过程的创新和优化。通过各方的良性互动，治理行为能够更加灵活地应对乡村面临的各种机遇和挑战，提高治理效果。治理变迁的效应体现在乡村社区的全面发展上，因为多元主体的参与和治理行为的创新不仅增强了乡村治理的透明度和公正性，也促进了经济发展、社会稳定和文化繁荣。

乡村群众的积极参与提升了他们对治理过程的满意度和认同感，增强了社区凝聚力。同时，非政府组织等民间力量的介入为乡村提供了新的资源和支持，有助于解决长期以来乡村治理中存在的资源不足和能力弱化问题。

在探究乡村治理变迁的深层次机理时，治理主体的能动行为显现为一个不可忽视的微观视角。乡村治理的实质在于多元主体围绕公共事务的行动与互动，这些行动的集结与协同作用成为推动乡村有效治理的核心力量。在这一过程中，各个治理主体根据自身的利益诉求做出理性的选择，这些选择的差异性反映了乡村治理复杂性的一个方面。各治理主体在乡村治理中扮演的角色及其行动选择，构成了乡村治理变迁的动力和方向。政府、乡村组织、非政府组织以及乡村居民等，每个主体都有其独特的利益点和行动逻辑。例如，政府可能更注重乡村治理的宏观调控和公共服务提供，乡村居民则可能更关注日常生活质量的改善和基础设施的建设。这些不同的行为选择，在没有一个有效的统一行动框架下，可能导致自利行为的盛行，从而使得乡村治理面临集体行动的困境。集体行动的困境在于个体在追求个人最大利益的过程中，往往忽略了集体利益的实现，导致最终的治理成果不尽如人意。因此，构建一个能够协调各方利益、促进集体行动的框架，成为实现乡村有效治理的关键。这需要通过制度设计、规则制定以及良好的治理文化建设，来激发和引导各治理主体的积极参与，形成有效的协作机制。乡村治理变迁的最终目的是通过不断观察、总结和评价治理效应，来优化治理模式，提升治理质量。治理效应的评价不仅涉及经济发展、社会稳定、环境保护等方面的具体成果，也包括治理过程中群众参与度、满意度等更为广泛的社会心理因素。对治理效应的深入分析，有利于人们更好地理解乡村治理变迁的价值与意义，进一步明确乡村治理的原则和方向。

乡村治理作为促进乡村经济发展、社会稳定与人民安居乐业的关键路径①，其核心目标是推动乡村公共利益的最大化。这一目标不仅包括经济的繁荣和社会的和谐，还涵盖了环境的美化和生态的宜居性。在此背景下，对乡村治理变迁的研究尤为重要，它要求从治理主体结构、治理行为以及治理效应的维度进行深入探讨。乡村治理涉及多方面的目标（图3-1）：经济繁荣是基础，意味着通过有效的治理提升乡村的经济活力和居民的收入水平；社会和谐关注社区内部的关系和秩序，确保乡村社会的稳定发展；环境美化与生态宜居强调对自然资源的合理利用和保护，促进乡村生活环境的持续改善。研究乡村治理变迁，意味着要全面分析治理主体的结构变化，这包括政府、民间组织、乡村社区及其居民等各方的角色和相互作用。随着社会发展，乡村治理的主体结构越来越趋向多元化，每个主体在治理过程中的作用和影响力也在不断变化，形成了更加复杂的治理网络。同时，治理行为的研究关注各治理主体在乡村公共事务管理中的具体实践，包括决策过程、资源配置、政策执行等方面。治理行为的有效性直接影响着乡村治理的成效，因此优化治理行为，使之更加高效、透明和公正，成为提升乡村治理水平的关键。在这里，乡村治理的空间、经济、社会效应是衡量治理成效的重要指标：空间效应体现在乡村地理环境和生活空间的优化上；经济效应反映在乡村经济发展水平、居民收入增长等方面；社会效应则涉及社区凝聚力、文化传承、社会稳定等多个层面。

---

① 阎占定.新型农民合作经济组织参与乡村治理研究[D].武汉：华中农业大学，2011:8-9.

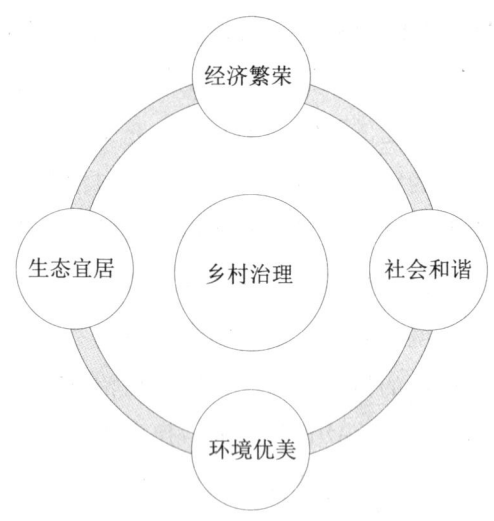

图 3-1 乡村治理的目标

二、治理变迁的社会基础：乡村电子商务

经济基础对上层建筑的决定作用在乡村治理变迁中表现得尤为明显，乡村治理的变化实质上是乡村经济基础转变的直接反映。随着经济转型的深入，乡村地区经历了从传统农业向现代电子商务的过渡，这种转变不仅促进了乡村经济的发展，也深刻影响了乡村的治理结构和模式。电子商务的兴起，尤其是"淘宝村"模式的成功，为乡村治理变迁提供了新的动力和方向。电子商务给乡村地区带来了一系列变化。一是它大大拓宽了乡村产品的市场范围，使得乡村经济活动不再局限于地理位置，乡村产品能够通过网络平台迅速触达全国乃至全球的消费者。这种市场的扩展为乡村经济带来了新的增长点，促进了产业结构的优化和升级。二是电子商务的发展促进了乡村就业和创业机会的增加，许多乡村青年通过开设网店、参与电商物流等方式，在家门口找到了工作或创业的机会，有效缓解了乡村地区的就业压力和人口外流问题。这种就业机会的增加，不仅提高了乡村居民的经济收入，也增强了他们对乡村发展的信

心和参与度。三是电子商务的兴起促进了乡村社会文化的变迁。随着互联网和电子商务的普及,乡村居民的信息获取渠道更加广泛,视野也随之开阔。这不仅影响了乡村居民的消费观念和生活方式,也为乡村文化的传承与创新提供了新的平台。四是电子商务还对乡村治理模式产生了重要影响。电子商务的发展促使乡村治理向更加多元化、开放化的方向转变。乡村电商的成功案例促使政府和社会各界更加重视乡村经济的数字化转型,有效推动了乡村治理体系和治理能力的现代化。

(一) 乡村电商是一场自下而上驱动的低成本创业过程

乡村电商的崛起是中国农村经济生态中的一次重大转变,它不仅仅是一个经济活动的新形态,更是一种促进本地工业发展、激活村民权力意识的原动力。在这个过程中,电商发展因其低门槛、技术要求不高和初始资本需求少等特点,为众多农村地区提供了创业和发展的新机遇。特别是以淘宝网等电子商务平台为主阵地,村民从开设网店到扩展至线下生产活动,形成了一条产业化发展的路径[①]。这种模式展现了村民自发组织的特点,并在乡村的熟人社会环境中迅速扩散,显示出强大的复制潜力。在一些地区,这种模式甚至催生了多个村庄连片发展的现象,逐渐形成了所谓的"淘宝镇"。这种发展不仅改变了传统农村的经济结构,也在很大程度上改善了农村的社会结构和居民的生活质量。电商发展的另一个显著影响是激活了村民的权力主体意识。在电商经济的推动下,村民不再是被动的经济活动参与者,而是变成了能够主动把握经济命脉、参与到村庄治理和决策中的权力主体。这种变化对于传统的乡村治理结构是一个巨大的挑战,也是一个转型的机遇。电商平台提供的机会让村民能够围绕共同的经济利益进行组织和协作,促进了村庄内部的团结和对外的经济交流。如果这种力量能够被合理和有序地引导,不仅可以成

---

① 许婵,吕斌,文天祚.基于电子商务的县域就地城镇化与农村发展新模式研究[J].国际城市规划,2015(1):14-21.

为村民共同追求利益的平台，也可以成为推动乡村治理现代化、实现乡村振兴战略的重要力量。

（二）乡村电商对乡村经济发展有着超强带动力

互联网技术的进步，特别是乡村电商的兴起，为农村地区带来了前所未有的发展机遇。这不仅有力促进了乡村产业结构的优化升级，也为农业剩余劳动力提供了新的就业方向，对于实现农村地区的跃迁式发展具有重要意义。通过互联网与当地传统产业的结合，乡村地区有效拓展了产业链，从单一的农业生产向多元化的产业结构转型。这种转变不仅提升了农村经济的整体水平，也为当地居民提供了更多的就业机会和收入来源。例如，通过电商平台销售农产品，可以将当地的特色农产品推介给全国乃至全球的消费者，增加农产品的附加值，同时促进相关加工、包装、物流等产业的发展。其间，乡村电商的发展促使大量农业剩余劳动力向二、三产业转移，这不仅为农民提供了更加多元化的就业选择，还有助于农民返乡就业，促进了就地城镇化的进程。这种就业模式的转变从根本上改善了农村地区的人口结构和社会面貌，增强了乡村社会的活力和凝聚力。"淘宝镇"的形成是乡村电商规模化发展的一个典型代表，它不仅为当地居民提供了创业和就业的平台，还带动了周边地区的经济发展，展现了乡村电商对于促进区域经济发展的辐射带动作用。随着电商规模的不断扩大，其在推动乡村经济发展、促进就业、提高生活质量等方面的作用将更加凸显。可以说，在农村地区发展乡村电子商务已经成为一种以信息化带动工业化，促进农村地区跃迁式发展的有效途径。

三、乡村治理各主体的理性选择：利益诉求与行为解释

电子商务的崛起在农村地区不仅促进了经济的发展，更深刻地重塑了传统的社会关系结构和治理模式。这种转变引导乡村治理主体，包括政府、企业、民间组织及个体农民等，具备了"理性经济人"的特征。在这一过程中，个体利益最大化成为驱动这些主体参与乡村治理的基本

逻辑。这一逻辑不仅体现在个体经济活动中，也深刻影响着乡村治理的整体效能和方向。在这种框架下，当各治理主体间的利益诉求相一致或相似时，他们倾向于形成联盟，共同推动乡村发展和治理的优化；相反，一旦利益出现显著差异，就可能导致对抗和冲突，从而影响乡村治理的稳定性和效率[1]。在乡村电商快速发展的背景下，传统的农村社会关系和治理模式受到挑战，各治理主体的利益诉求变得更加多元和复杂。这就要求乡村治理策略能够灵活应对，以维护社会的和谐与稳定。这不仅涉及如何利用电子商务的经济潜力促进乡村发展，更关乎如何在这一过程中协调各方利益，避免或解决冲突，确保乡村治理的有效性和持续性。

（一）基层政府

基层政府在乡村治理中扮演着至关重要的角色，既是连接国家政策与乡村实际的桥梁，也是推动乡村发展的关键力量。作为国家政权结构的基础层级，基层政府的行为和决策直接影响着乡村的经济生态和社会福祉。因此，其利益诉求和行为策略成为理解乡村治理变迁的一个重要维度。基层政府的职能并不局限于政策的执行和资源的分配，还包括促进地方经济的发展、提升地方财政收入、维护公共利益、推动社会福利最大化等多重责任。这些职能体现了基层政府作为特殊社会组织的复杂性，其行为不仅受到制度和政策的约束，还受到其内在利益诉求的驱动。在经济发展方面，基层政府往往表现出较为主动和积极的态度，这不仅是因为经济增长直接关联地方财政收入的提升，也因为经济发展成果是评价政府绩效的重要标准之一。因此，基层政府有时可能优先考虑能够快速带动经济增长的项目和政策。

（二）村民委员会

村民委员会（以下简称"村委会"）在我国乡村治理体系中扮演着至关重要的角色，既是基层群众自治的直接体现，也是连接政府与乡村社

---

[1] 何丹. 城市政体模型及其对中国城市发展研究的启示[J]. 城市规划, 2003(11):13-18.

区的重要桥梁。根据《中华人民共和国村民委员会组织法》，村委会的职能范围广泛，包括管理公共事务、调解民间纠纷、协助维护社会治安等，凸显了其在乡村治理中的核心地位。随着国家政策的深入实施，村委会逐渐成为国家权力向乡村社区延伸的重要途径。这一过程不仅增强了村委会在乡村治理中的作用，也使其在一定程度上承担起了国家政权"代理人"的角色。这种角色的转变带来了村委会行为特征的显著变化，尤其是其行政化特征的日益明显。村委会的利益诉求可以分为公共利益和个人利益两大类。一方面，村委会肩负着最大化乡村公共利益的责任，这包括争取更多的自上而下的资源支持、推动乡村经济社会发展、提升村民的生活质量等[①]；另一方面，作为具有独立利益诉求的个体，村委会成员也追求个人利益的实现，包括政治荣誉、经济收益等。因此，平衡村委会的公共利益与个人利益，确保其在乡村治理中更多地代表和服务村民的公共利益，是优化乡村治理、推动乡村振兴的关键。这需要通过加强村民自治机制的建设、完善村委会成员的考核评价体系、提升村委会治理能力和透明度等措施来实现。

（三）村民

在乡村治理的广阔舞台上，村民扮演着至关重要的角色。他们不仅是乡村发展的受益者，更是推动乡村治理进步的基础力量。村民的行为和选择深植于其所处的社会关系网络和利益驱动之中，揭示了乡村治理参与的复杂性。村民参与乡村治理的热情往往与其直接利益密切相关，只有当治理事务触及他们切身利益时，他们才会积极反馈意见和参与决策过程。由此可见，村民的利益诉求相对单一且直接。这些利益诉求虽然在一定程度上限制了村民对乡村治理事务的参与，但也提供了一个关于如何激发村民治理参与热情的线索。要有效提升村民的治理参与度，

---

① 景跃进.中国农村基层治理的逻辑转换：国家与乡村社会关系的再思考[J].治理研究，2018,34(1):48-57.

关键在于将乡村治理事务与村民的直接利益紧密联系起来，让村民意识到参与乡村治理不仅是履行公民责任，更是维护自身利益的重要途径。此外，加强乡村治理的透明度和开放性，鼓励村民对各类治理事务发表意见和建议，是提升治理效果的重要措施。

（四）非政府组织

在乡村治理的语境下，非政府组织（NGO）的角色尤为关键，它们包括但不限于企业组织、社会组织和居民自组织等，涵盖了老人协会、妇女协会，以及新兴的商会和行业协会等各式组织。非政府组织的核心价值在于追求社会的公共利益，代表着其成员的集体利益，通过成员的共同参与和组织内部的良好纪律来实现这些利益。这一过程往往需要明确的行业规章、奖惩机制以及有效的行业监督，确保组织目标的顺利实现。在乡村治理中，非政府组织发挥着多重作用：一是作为乡村内部力量的补充，通过提供不同的服务和支持，弥补了基层政府在资源分配、公共服务提供等方面的不足。例如，老人协会和妇女协会可以组织文化娱乐活动、提供互助服务，增强乡村社区的凝聚力和活力。二是随着经济社会的发展，新兴的商会和行业协会在推动乡村经济发展、引导产业升级等方面起到了关键作用。这些组织通过汇聚企业家资源、分享行业信息、提供技术支持等方式，促进了乡村产业的多元化发展和创新能力的提升。三是非政府组织在维护乡村公共利益、推动社会正义实现方面也不可或缺。临时维权团体或独立民事责任人等形式的组织，为村民提供了维权的平台和途径，增强了乡村社会的自我保护能力和对外部不公正现象的抵抗力。然而，非政府组织在乡村治理中的积极作用的发挥，也需要依赖成员的广泛参与和组织内部的有效管理。组织成员的积极参与是实现公共利益目标的基础，良好的组织纪律和有效的奖惩机制则是确保组织健康运行和目标实现的关键。因此，非政府组织在参与乡村治理时，不仅要明确自身的利益追求，还需要建立和完善内部管理制度，确保其在乡村治理中发挥正向作用。

四、电子商务驱动的乡村治理变迁机制

乡村治理的变迁不仅反映了结构的调整,更深层次地揭示了其中蕴含的利益关系和行动逻辑。随着电子商务的兴起和发展,乡村治理面临前所未有的机遇与挑战,这一过程中,"利益重组—行为策略—治理效应"的逻辑关系尤为重要。电子商务作为一个催化剂,不仅改变了乡村的经济面貌,更深刻影响了乡村治理的方式和效果。电子商务的发展为乡村带来了要素回流,即资本、人才等资源开始从城市回流到农村,促使乡村经济社会结构发生根本性的转型。在乡村经济的增长、社会结构的优化、治理模式的创新等方面,电子商务的发展促进了乡村经济的多元化,提高了村民的生活水平,也为乡村治理带来了新的思路和方法。同时,电子商务促进了乡村社会的开放和信息的流通,有助于提升乡村治理的透明度和公众参与度。然而,电子商务驱动下的乡村治理变迁也面临诸多挑战,如如何确保电商发展的可持续性、如何平衡不同治理主体的利益冲突、如何提升乡村治理能力等问题。这些问题的解决需要乡村治理主体之间的有效沟通和协作,也需要外部力量的支持和引导。

在分析乡村治理变迁的过程中,采用"理性选择"的视角来考察各治理主体基于不同的利益诉求而采取的行为策略,可以揭示乡村电商发展对乡村治理变革的深刻影响。这种分析不仅关注乡村治理的结构和功能变化,更重视治理过程中主体间的互动和协作模式,尤其是在电商发展的不同阶段中各主体所展现的动态变化。在电商发展的初期阶段,电商产业的快速增长为乡村带来了前所未有的发展机遇。各治理主体围绕电商产业的增长目标,形成了一种共同的利益追求。在这种共同利益的基础上,构建有效的统一行动框架,促进了多元协同治理的格局。这种治理模式不仅推动了乡村经济的增长,也促进了社会和空间的转型升级,为乡村发展开辟了新路径。然而,当电商产业增长放缓,甚至遭遇瓶颈时,各治理主体的利益诉求开始出现分化。一些主体可能继续寻求通过

电商促进自身利益的最大化,另一些则可能寻求新的发展方向。在缺乏必要制度安排和统一行动框架的情况下,乡村治理可能呈现非均衡化的态势。为了克服非均衡化治理格局带来的挑战,加强制度建设,优化治理结构(图3-2),促进各治理主体间的有效沟通和协调十分必要。此外,鼓励创新和多元化发展,寻找电商之外的其他增长点,也是应对电商转型期挑战的有效途径。

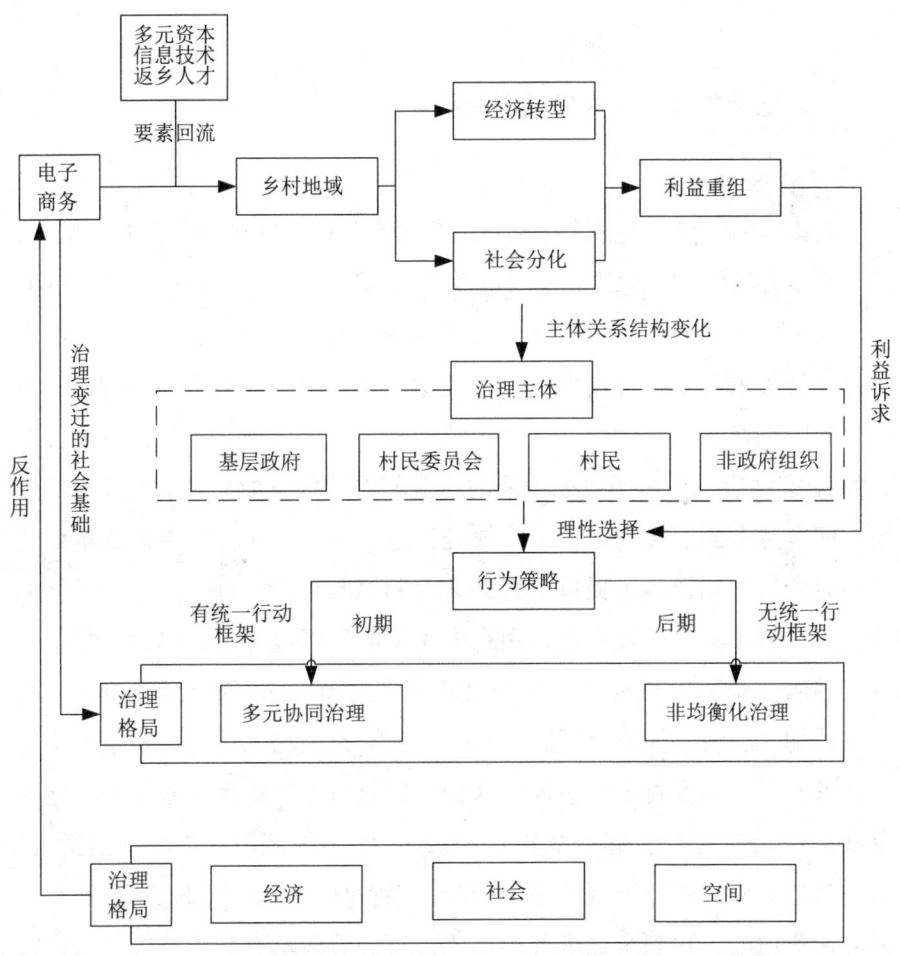

图3-2 电子商务驱动下的乡村治理变迁机制

第二节 电商驱动的乡村治理变迁实践

一、电商驱动下的大集镇发展概述

(一) 全域电商

大集镇的电商发展故事生动地展现了乡村电商在中国的兴起与繁荣，其迅速增长的轨迹，为研究乡村电商模式提供了一个极具代表性的案例。大集镇的电商兴起，不仅体现了低成本创业的可能性，还展示了电商对乡村经济发展的强大带动作用，以及这一过程中呈现的阶段性特征。电商发展的低成本创业优势，在大集镇得到了充分体现。起初，镇上仅有2000余家网店，但由于电商创业的门槛相对较低，加之对信息技术的利用，使得更多的居民和企业家能够轻松进入这一领域。这种低成本创业的环境，为大集镇居民提供了新的就业和增收机会，进一步激发了他们的创业热情。电商的强带动作用在大集镇的发展过程中也得到了显著体现，网店数量的增长带动了整个镇的经济活力。随着网店的数量增加，相关的加工企业、注册公司，以及个人独资服装加工厂的数量也同步增长，形成了一个乡村电商集群。这种集群效应不仅推动了服装加工业的发展，也促进了本地经济的多元化发展，为乡村经济注入了新的活力。大集镇的电商发展还展现了明显的阶段性特征。从最初的电商萌芽到后来的快速增长，再到全域电商的形成，每一阶段都有其独特的发展模式和特点。电商的快速增长不仅使得大集镇在短短几年内成为电商集群，更通过电商的发展，实现了从传统农业乡村向现代电商乡村的转型。表

3-1 为 2013 年至今大集镇"淘宝村"名录：

表 3-1　2013 年至今大集镇"淘宝村"名录

年份	名录
2013 年	丁楼村、孙庄村
2014 年	丁楼村、付海村、刘楼村、李八庄村、孙庄村、张庄村
2015 年	曹海村、常庙村、陈河村、大寺村、丁楼村、东北街村、东街村、付海村、李八庄村、刘楼村、南街村、任庄、桑庄、孙庄、孙庄村、西街村、张庄
2016 年	北街村、曹海村、常庙村、陈河村、大寺村、丁楼村、东北街村、东街村、付海村、葛楼村、胡楼村、胡庄村、花王楼村、李八庄村、李楼村、刘楼村、南街村、任庄村、桑庄村、孙庄村、王庄村、文昌阁村、吴庄村、西街村、徐庄村、姚集村、张庄村
2017 年至今	安庄村、北街村、曹海村、常庙村、陈河村、大寺村、丁楼村、东北街村、东街村、付海村、葛楼村、郭洼村、胡楼村、胡庄村、花王楼村、李八庄村、李楼村、刘楼村、毛庄村、南街村、任庄村、桑庄村、孙庄村、王庄村、文昌阁村、吴庄村、西街村、徐庄村、姚集村、姚万楼村、殷庙村、张庄村

大集镇的电商发展故事，特别是丁楼村的例子，生动展现了乡村电商如何成为推动地方经济发展的重要力量。在这个过程中，不仅"淘宝村"的数量快速增加，在单个村庄内，从事电商产业的户数也占比极高，显示了电商活动在乡村经济中的普及度和影响力。丁楼村作为电商发展的先行者，其在电商产业中的占比达到了惊人的比例。在 310 户的总户数中，有 280 户从事电商活动，网店数量更是高达 910 家（表 3-2）。这种高密度的电商活动不仅改变了丁楼村的经济结构，也带动了周边地区的电商兴起，促进了整个大集镇电商产业链的形成和完善。随着电商的深入发展，大集镇形成了较为完善的演出服饰产业链条。产品种类从最初的摄影服饰发展到包括儿童表演服、拉丁舞服装、民族表演服、舞台表演服装、古装演出服、圣诞老人等节日服装，以及摄影道具、舞蹈鞋、孕妇装等在内的近一千种款式。这种产品多样化不仅满足了市场的广泛

需求，也进一步提升了大集镇电商产业的竞争力和知名度。电商商务销售额的迅猛增长更是证明了乡村电商发展模式的成功。从 2013 年的 2 亿元，到 2014 年的 5 亿元，再到 2015 年的 12 亿元，销售额的快速增长反映了电商在推动乡村经济增长方面的巨大潜力。2016 年上半年，销售额就达到了 15 亿元，并且在最近几年也呈现出逐年递增的趋势，显示了电商发展的持续动力和广阔前景。

表 3-2 大集镇"淘宝村"名单

乡镇	行政村	总户数	从事电商户数	网店总数
大集镇	西街	214	106	126
	丁楼村	310	280	910
	张庄村	350	240	797
	孙庄村	340	220	760
	孙庄（赵岗）	130	75	175
	刘楼村	210	140	655
	李八庄村	470	300	848
	付海村	520	270	785
	南街	163	84	95
	东北街	157	58	104
	曹海	118	49	60
	大寺	455	167	168
	任庄	174	78	85
	常庙	513	123	163
	桑庄	103	50	50
	陈河	529	86	158
	东街	245	55	70

大集镇的电商产业发展,不仅为该镇经济转型提供了新的动力,也为乡村振兴战略的实施提供了成功案例。电商产业的快速发展,将大集镇从一个经济发展相对滞后的乡镇,转变为县域经济中的重要力量。2014 年,大集镇在曹县所有乡镇、街道的经济排名中实现了质的飞跃,从倒数位置上升到了第 11 名。值得注意的是,电商在大集镇经济中所占的比重高达 35%,这一比例充分说明了电商产业对于大集镇经济增长的巨大贡献(表 3-3)。

表 3-3 大集镇经济发展成果

年份	GDP/亿元	全县排名	电商贡献率
2010 年	11.8	20 名左右	—
2013 年	14.8	15 名	30%
2014 年	21.6	11 名	35%

大集镇电商产业的成功归因于多个因素。一是电商产业的低门槛使得大量居民能够轻松参与,通过互联网销售产品,拓宽了销售渠道,提升了产品的市场竞争力。二是大集镇在电商领域形成了较为完善的产业链条,从产品生产、加工到销售,形成了一条完整的产业链,不仅提升了产业的附加值,也吸引了更多的劳动力参与其中。三是政府的支持和引导也是不可或缺的因素,通过提供电商培训、优化营商环境、鼓励创新等措施,为电商产业的发展创造了有利条件。电商产业的发展为大集镇带来了经济和社会的双重红利。经济上,电商产业成为推动经济增长、提升经济结构的重要力量;社会上,电商产业为居民提供了就业机会,助力脱贫攻坚,提升了居民的生活质量。这一经验证明,电商不仅是促进乡村经济发展的有效途径,也是实现社会福祉、推进乡村振兴战略的重要手段。

(二) 要素回流

大集镇通过乡村电子商务的发展及政府的大力支持,为乡村振兴提供了一条新的路径。乡村电子商务不仅为村民提供了新的经济增长点,还成为促进村民回流的重要因素。电商的兴起,使得原本因缺乏就业机会而外出的村民看到了在家门口创业和就业的可能性,从而开始逐渐回流。丁楼村的变化尤为显著,这个曾经面临"空心化"问题的村庄,在电子商务的带动下焕发了新的活力。村民通过经营网店,参与电商相关的加工、物流等活动,不仅改善了自己的经济状况,也带动了村庄整体的经济发展。村庄的宅基地住宅翻新、大门口挂起巨大的招牌、门前停放的轿车,都是村民生活水平提升、经济条件改善的直观体现。这样的变化,不仅让村民有了更多留在乡村的理由,也向外界展示了乡村电商发展的巨大潜力和乡村振兴的可行途径。

由表3-4可知,2014年,大集镇有超过2500位外出务工的农民选择返乡工作,而且超过160位大学生回乡创业。到了2016年,这一数字更是翻了几番,分别超过6000人和500人。这样的变化在过去是难以想象的,它不仅反映了电商产业对于乡村经济吸引力的增强,也显示了乡村社会结构和就业模式的根本变革。

表3-4 大集镇村民返乡情况

类别	2014年	2016年
外出务工农民返乡数(人)	2500	6000余
毕业大学生返乡数(人)	160余	500余
电商从业人员(人)	约1.5万	2万余

任安莹的故事是这场变革中的一个缩影,作为一位华南师范大学的硕士研究生,她在学习之余帮助家里经营网店,并在其中发现了自己的潜力,找到了商机。通过她的创新设计,舞蹈《牛奶歌》的儿童裙式演

出服成了爆款产品，短短一个月内销售量就达到了 2000 多套。这样的成功经验促使她做出了一个重大的决定——放弃研究生学业，全身心投入电商创业中。任安莹的选择不仅为她自己带来了事业上的成功，年销售额达到了 600 万元，并且为 60 余人提供了就业机会，也激励了更多的大学生返乡创业，为乡村经济注入了新的活力和希望。一位在村庄服务了 30 多年的医生及其三个接受医学教育的儿子转型进入电商行业，共同经营一家年销售额超过 1000 万元的服饰公司，成为这一变革的生动写照。这个故事揭示了电商带给乡村的新机遇。原本以传统职业为主的家庭成员，通过电商找到了新的经济增长点和创业机会，这种转型不仅为家庭带来了经济上的繁荣，也反映了乡村人才和思想的回流趋势。

随着电商行业的进一步发展，越来越多的乡村青年选择返乡创业，利用自身所学或通过自我学习掌握的电商知识和技能，在家乡寻找新的生活和工作方式。人口的回流自然而然地带动了资本与信息技术流入乡村，资本的流入不仅限于电商产品的生产和销售，更扩展到了与电商配套的相关服务产业中，如物流、广告、网络技术服务等。这些服务产业的兴起，为乡村电商的持续发展提供了坚实的基础，同时推动了乡村经济结构的多元化和现代化。这也说明乡村电商的发展不仅仅是一个经济现象，更是一个社会现象。它促进了社会复兴，增强了乡村的社会活力，提高了乡村居民的生活质量。更重要的是，电商的发展为乡村治理提供了新的社会基础，促进了治理结构的优化和治理能力的提升。通过电商带动经济发展，乡村治理不再是一个"真空化"的状态，而是变得更加活跃和有效。乡村居民的参与意识增强，社区凝聚力得到提升，乡村治理的透明度和公正性也因此得到改善。

（三）基于产业发展模式的阶段划分

大集镇电商产业的发展经历，从 2015 年及之前的快速扩张萌芽阶段到后续的成熟发展，揭示了乡村电商如何通过创新和社会资本的正向积累，驱动乡村经济和社会的全面转型。在这个过程中，大集镇电商产业以演出服饰为主营产品,利用其相对简单的生产流程和低门槛特性,成功地吸引了大量村民参与其中,形成了一个以村民为主体的电商产业本地化分工网络,具体如图3-3所示①。这种分工网络不仅增加了村民的经济收入,也为乡村社会带来了活力和发展机遇。在萌芽阶段,大集镇电商产业的快速发展得益于几个关键因素。首先,演出服饰的生产加工简单,使得多数村民能够参与其中,无论是在电商大户的厂房内工作还是将原材料带回家中生产,都可以轻松实现。这种灵活便利的工作模式极大地促进了妇女和老人等更广泛人群的参与。其次,随着互联网技术的普及和电子商务平台的发展,具备基本电脑操作技能的村民开始开设淘宝店,通过网络销售电商大户的产品,实现了产业链上下游的紧密连接。每家加工企业能够带动上百家网店和生产工人,形成了一个强大的电商生态圈。这个阶段还是乡村振兴的重要时期,乡村建设与电商产业的扶持成为政府工作的重点。政府的支持和政策引导为电商产业的发展提供了有力的保障,促进了电商产业的健康成长和乡村经济的多元化发展。这种政府与民间企业、村民之间的协同合作,为大集镇电商产业的快速发展奠定了坚实的基础。

---

① 张赛.电子商务与区域发展的互动机制研究[D].上海:华东师范大学,2015:12-13.

第三章　电商驱动下的乡村治理变迁

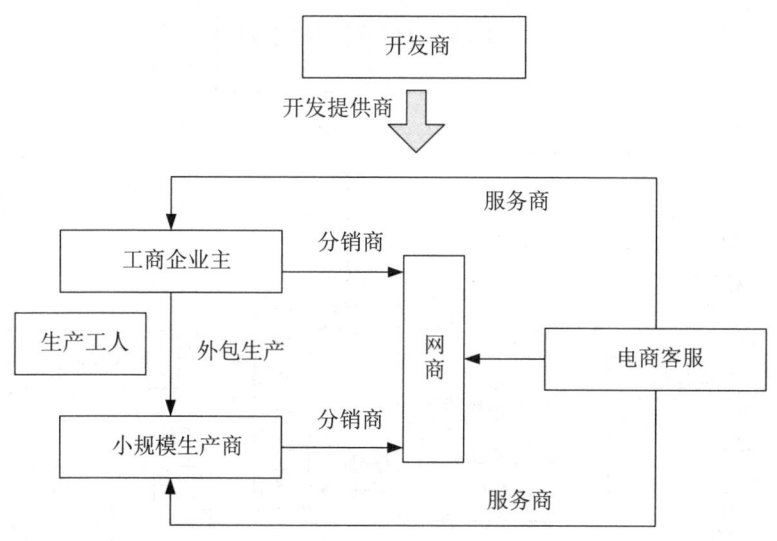

图 3-3　电商产业本土化分工明细

过了萌芽期之后，大集镇进入了电商发展的转型期。这一时期的显著特征是自产自销的商户数量急剧增加，村民通过镇上的电商培训以及口口相传，纷纷学会了电商销售技巧，并开始自行加工生产服装以获取更高的利润。这种转变促使电商大户对加工工人的需求从本地人转向周边乡镇的外地人，甚至很多大户开始将服装生产外包给专门的加工厂，如河南商丘等地。这标志着原本基于本地的电商产业利益链条的解体，乡村电商产业面临重新组织和调整的需求（图3-4）。村民的需求升级，对政府提出了更高的要求，乡村面临的转型升级挑战更加严峻。乡村治理需要适应电商产业发展带来的新变化，如何有效地支持电商产业的持续健康发展，同时促进乡村经济的多元化，成为摆在政府面前的重要课题。

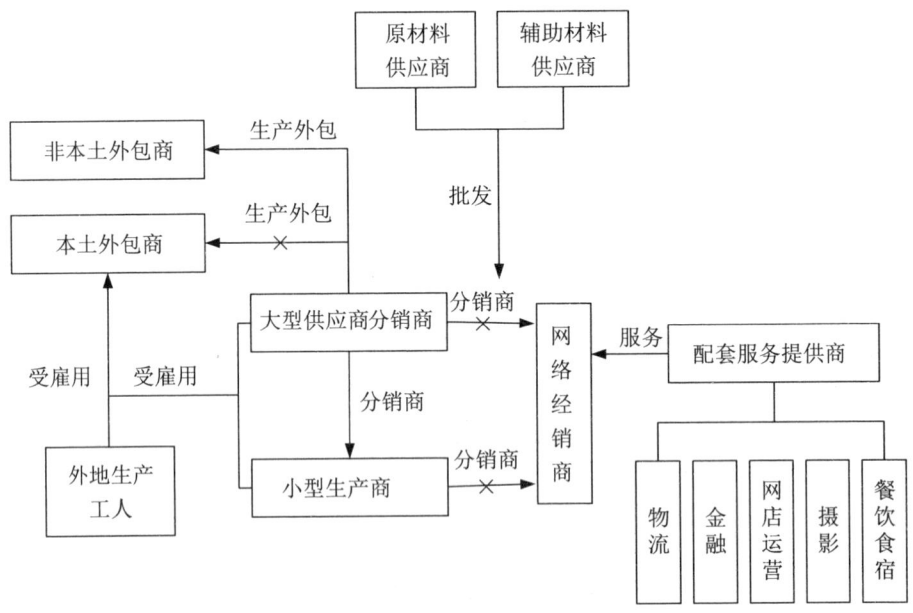

图 3-4　乡村电商发展后期产业分工链条

二、电商发展初期的治理格局多元化

（一）政府的高度关注与职能转换

乡村电子商务的蓬勃发展不仅标志着中国农村经济的新时代，也反映了政府在推动农业现代化、促进农村经济繁荣及提升农民生活水平方面的坚定决心。通过实施一系列政策措施，政府力图激发乡村电商的潜力，以此作为促进地区经济全面发展的关键手段。乡村电子商务的重要性，在于其能够有效地连接农村与市场经济，为农村产品打开更广阔的销售渠道，同时提供更多就业机会，从而实现农民增收。电商平台使得农产品能够直接进入更大的市场，减少中间环节，提高农民的收益。此外，电商还能促进农村地区的产业升级，通过引入新技术和管理经验，提高农业生产的效率和质量。政府对乡村电子商务的支持体现在多个层面，2015 年以来，中共中央、国务院和相关部委出台了一系列与农村电商相关的政策,这些政策旨在为乡村电商的发展提供强有力的支持和保障。政策内容涵盖了资金支持、税收减免、技术培训、基础设施建设等多个方面,全方位地促进乡村电商生态系统的健康发展(表3-5)。在资金支持方面,政府通过设立专项基金、提供贷款优惠等方式,降低了乡村电商创业的门槛,激励更多的农民和企业家投身于电商创业之中。在税收政策上,对电商企业实行税收减免或优惠,减轻企业负担,鼓励电商发展。在技术培训方面,政府组织专业机构为农民提供电子商务知识和技能培训,提升农民的电商经营能力。此外,政府还大力投资乡村基础设施建设,如改善道路、通信、物流等,为电商交易提供便利条件。

表3-5 2015年出台的与电商相关政策和工程项目

编号	时间	政策文件/项目	主要内容/指示
1	2015年2月	中央一号文件	涉农电商平台建设、电商进村
2	2015年4月	《关于实施农村青年电商培育工程的通知》	引导农村青年运用电商创业就业、增收致富
3	2015年5月	《国务院关于大力发展电子商务加快培育经济新动力的意见》	电商"国八条",将电商提升到前所未有的高度
4	2015年5月	陇南启动电商扶贫试点	将电商扶贫作为2015年十大精准扶贫工程之一
5	2015年7月	《国务院关于积极推进"互联网+"行动的指导意见》	提出11大行动,多处提及电商
6	2015年7月	《关于开展2015年电商进农村综合示范工作的通知》	建设完善农村电商配送即综合服务网络,探索建立有利电商在农村发展的体制机制和政策体系
7	2015年9月	推进农业电子商务发展行动计划》	提出20项行动计划
8	2015年10月	《国务院关于促进快递业发展的若干意见》	打造"工业品下乡"和"农产品进程"双向流通渠道
9	2015年11月	《国务院办公厅关于促进农村电子商务加快发展的指导意见》	提出三项重点任务和七项措施

续表

编号	时间	政策文件/项目	主要内容/指示
10	2015年11月	苏宁与国务院扶贫办（现国家乡村振兴局）合作电商扶贫	惠及104个贫困区县，234万农村贫困家庭

大集镇的乡村电商发展故事，特别是政府对其的高度关注和积极干预，为理解政府在乡村经济发展中所扮演的角色提供了生动的案例。大集镇政府将乡村电商视为推动地区经济发展、解决就业问题、增加财政收入及实现农民增收的重要途径。在电商发展的早期阶段，尽管已有部分村民开始尝试在自家进行简单的加工生产销售活动，但此时乡村电商的发展相对自发，缺乏系统的规划和指导。随着电商潜力的逐渐显现，大集镇政府开始意识到乡村电商对于促进当地经济发展的重要性，因此开始采取一系列支持与扶持措施，以促进乡村电商的快速发展。政府支持乡村电商发展的措施多方面展开，包括但不限于政策扶持、资金投入、技术培训和基础设施建设等。通过出台一系列利好政策，大集镇政府为乡村电商创造了良好的发展环境，降低了创业门槛，吸引了更多村民参与到电商活动中来。在资金投入方面，政府通过提供贷款优惠、税收减免等方式，减轻了电商创业者的经济负担，激励了电商行业的创新和发展。此外，技术培训和基础设施建设也是政府支持乡村电商的重要方面。政府组织相关培训课程，提升村民的电商运营能力，同时投资物流、通信等基础设施的建设，为电商交易提供了便利条件。

2013年4月，大集镇的消防安全检查意外揭示了乡村中正在萌芽的电商经济模式。这一发现迅速引起了时任大集镇党委书记的苏永忠的关注。苏永忠敏锐地意识到，电商经济不仅仅是一个新兴的经济活动，更是乡村转型升级的重要契机。在此背景下，大集镇政府开始积极参与乡村治理，特别是乡村电商的推广与发展，标志着镇政府治理重心的重大转移——从传统的农业生产服务转向电商服务。大集镇政府在推动乡村电商发展中采取的行动体现了其作为政策实施者、事务组织者和决策者

在乡村治理中的核心作用,以下几方面的行动特别值得注意:

1. 运用正式权力运作来促进乡村电商发展

为了更有效地推动乡村电商的发展,大集镇政府首先成立了"农村淘宝"项目执行领导小组,并专门成立了大集镇淘宝发展办公室,这一举措意在集中力量、统筹协调乡村电商相关的各项事务工作。此外,新成立的淘宝产业发展服务办公室则重点为乡村电商提供更为细致和专业的服务支持,包括但不限于技术培训、市场推广、资金援助等方面。这些组织机构的建立,不仅体现了政府对乡村电商发展的重视,也为电商活动的有序进行提供了强有力的组织保障。大集镇政府出台的乡村电商扶持优惠政策,旨在通过具体的激励措施,解决村民在电商活动中遇到的实际问题,鼓励更多的人参与到电商创业中来,具体政策如表3-6所示:

表3-6 大集镇鼓励电子商务经济发展的政策

编号	优惠政策
1	电商或加工企业注册公司专人办理、费用全免
2	对电子商务企业给予税收奖励。对缴税超10万元、5万元的企业,分别给予"电子商务先进单位"称号,按所缴税额的20%、10%作为奖金返还
3	对以电子商务形式实现年销售额首破500万、100万的经营主体、加工业务量超百万的加工户分别给予10 000元、5000元资金奖励
4	对有天猫店铺的淘宝商户或电商企业给予一次性奖励金5000元;对拥有注册商标的电商企业和商户给予奖励金2000元
5	对电商企业从外引进年薪在10万元以上且聘用时间超过1年(含1年)的高级管理人才、高端营运人才、核心技术人才,按其个人所得税地方实得部分全额奖励
6	对物流配送(包括快递行业)公司的新建或改造提升项目,按现代物流业发展政策给予奖励或补助
7	对所有淘宝企业进行扎口管理,不经淘宝产业发展领导小组批准,任何单位和个人均不能向淘宝企业及网店乱检查、乱收费

认识到电商技术水平是限制乡村电商发展的关键因素之一，大集镇政府采取了多项措施来提高村民的电商能力。其中，组织电子商务培训班是一项重要的举措。2015年，大集镇就组织了5期电子商务培训班，这些培训班针对不同层次的电商从业者设计，内容涵盖电商基础知识、网络营销技巧、电子支付系统等多个方面。大集镇政府还多次邀请淘宝大学的专家开展电商培训，旨在通过专业的指导帮助村民掌握更高级的电商技能，鼓励村民积极参与电商活动。这些培训不仅提升了村民的电商技术水平，也激发了他们对电商的兴趣和热情，为乡村电商的发展注入了新的动力。随着电商规模的不断扩大，村民急需更大的生产和仓储空间。对此，大集镇政府采取了积极措施，通过开展空间治理来满足生产空间的需求。政府帮助村民利用原有的养殖场用地、村头荒地等，搭建厂房，规划建设电商产业园等产业平台。这些产业平台不仅为村民提供了足够的生产仓储空间，还规划了商铺、物流电商大楼等功能性空间，极大地提升了空间的生产效率。产业园区的选址也经过精心规划，位于镇北靠近省道的位置，这一布局既便于物流运输，又能有效减少穿越镇中心的交通量，缓解交通拥堵情况。此外，政府对入驻园区的企业给予相应的财政政策奖励，进一步鼓励村民和企业家投身于电商产业。

电商的蓬勃发展离不开快速便捷的物流支撑，而物流的效率直接受到道路设施状况的影响。面对电商发展初期大集镇仅有的一条县级道路闫青路状况不佳的现状，镇政府迅速反应，出资修缮了一条贯穿镇域南北的主要对外道路——桑万路。通过将道路宽度从5米加宽到9米，大集镇的交通拥堵情况得到了暂时性的缓解。这一措施不仅改善了大集镇的交通条件，也为电商物流提供了强有力的支撑，从而促进了乡村电商的发展。在电商发展之前，大集镇的信息基础设施供给几乎为零，家庭网络覆盖率低，且供电不稳定的问题一直存在。为此，大集镇政府与曹县电力局进行了密切沟通，于2014年5月对大集镇进行了整体线路改造，极大地提高了电力供应的稳定性。尤其在电商销售旺季，如六一前，镇政府还会积极架设电力专线,确保"淘宝村"的电力供应,保障电商活动的顺利进行。为了确保村民网络稳定,镇政府积极推进光纤入户工作,使得大集镇的光纤入户率迅速提升,从2013年的1314户发展到2015年的3800户,达到了全省最高水平。这一举措不仅提高了村民的网络使用体验,也为电商活动提供了坚实的网络基础。基础设施的完善也离不开村委会与村民的积极配合,在遭遇极端恶劣天气,如暴雨时,村委会会召集村民共同参与到电路的抢修工作中去,这种社区合作极大地提升了基础设施的应急维修能力,保障了乡村电商的稳定运营。

2. 运用非正式权力运作来激励村民从事电商

在推动乡村电商发展的过程中,大集镇政府不仅依靠正式的行政手段,更注重通过非正式权力的运用,建立和谐的官民关系,提升政府形象,增强村民对政府的信任。这种以人情味为基础的行动策略,体现了政府在乡村治理中的柔性手腕,以及对人文关怀的重视,从而有效地支撑了政府电商工作的开展。以下是几个典型事例:

镇书记亲自走访淘宝商户并召开电商大会是一项具有里程碑意义的行动,通过向村民发放个人名片并做出"只要有难题就可找他求助"的承诺,镇书记不仅展示了政府支持乡村电商发展的决心,更重要的是,通过这种直接且个性化的交流方式,极大地增强了村民对政府的信任和依赖,为村民提供了一个明确且可靠的求助渠道。政府工作人员亲自为部分商户挂上"电子商务先进单位"称号牌,这一行为不仅是对电商商户努力的认可,更是政府扶持电商发展决心的具体体现。这种行为有效地加深了村民对政府的信任,为电商商户创造了一个更加稳定和鼓励的经营环境。2014年年关时,镇书记亲自到火车站发放"致返乡村民的一封信",这一行动不仅是对返乡村民的一种温馨关怀,更是对村民返乡创业的鼓励。这种亲民且具有实际意义的行为,成功地传递了政府鼓励乡村创业、支持电商发展的积极信号,激发了更多村民返乡参与电商活动的热情。面对电商发展初期快递业务的混乱和垄断行为,镇政府亲自出面与快递企业沟通协商，成功解决了快递价格过高和市场混乱的问题。政府的这一行为不仅保证了电商活动的正常运作，也展现了政府在保护村民利益、促进乡村电商发展方面的积极作用。

（二）村级治理能力的激活

在大集镇，乡村电商的迅速发展不仅改变了村民的经济状况，也深刻影响了村庄的社会结构和治理模式。随着电商带来的经济利益，村民的利益主体意识和权力主体意识得到了显著提升，他们开始以前所未有的积极性参与到乡村治理中。这种变化为乡村治理注入了新的活力。电商活动的兴起，让村民意识到通过集体行动和协作可以实现更大的经济利益。这种经济动力促使村民从个体经营向团体协作转变，从而形成了更紧密的社区关系和更有效的协作模式。随着电商经验的积累和收入的增加，村民开始更加关注自身权益的保护和发展环境的改善，他们开始主动寻求与村委会以及政府的沟通，参与到村庄公共事务的决策中。

电商活动的繁荣为村民提供了多样化的职业选择和经济收入来源，促使其承担起不同的角色，满足各自的利益诉求。这种经济活动的多元化不仅改变了村民的生产和生活方式，也促使他们形成了以乡村电商产业发展为核心的利益共同体。在这个共同体中，村民不仅在经济上相互依赖，更在乡村治理事务中展现出前所未有的积极性。电商经济的蓬勃发展催生了一批经济精英，该人群凭借在村里的经济和社会地位逐渐成为乡村治理的新力量。2014年丁楼村村两委换届选举中，村民通过民主选举将能带领村民从事电商致富的任庆升选为村支书，这标志着乡村政治生态开始接纳并重视经济活动中崛起的新力量。任庆升从一个普通的电工和外出务工者转变为村庄的领导者，这一变化凸显了电商带来的社会地位提升和治理结构的变革。村民在乡村治理事务中的主动参与和表达也日益明显，当大集镇政府规划更新镇区北部的闲置老厂房为电商产业园时，来自村民的反馈和意见表达了他们对乡村发展方向的关注和诉求。虽然村民的意见未能改变产业园区的选址，但他们的积极参与无疑对基层政府的决策产生了影响，体现了村民利益主体意识的觉醒和民主参与意识的提升。

在电商经济带动下，村委会的职能从组织传统的农村活动逐步转向提供促进电商发展的相关服务。这一转变表明，乡村治理逻辑正在适应新的经济形势和村民需求。村级组织在乡镇政府的支持下，展现出更加明显的行政化特征，更积极地参与到乡村发展的具体任务中。村委会在乡村电商的推动下承担了多项具体任务，包括但不限于配合镇政府进行道路、通信等基础设施的建设和电子商务培训的组织工作。这些活动不仅直接支持了电商的发展，也改善了村民的生活环境，提升了村民的技能。例如，丁楼村村支书带领村民维修电路网的行动，直接体现了村委会在改善村庄基础设施中的积极作用。村委会在电商发展过程中还承担了重要的沟通协调职能，成为连接村民与乡镇政府之间的桥梁。通过积极沟通协调村民关于电商产业园选址的意见分歧，以及向村民传达镇政府的相关政策和调研通知，村委会有效地促进了政策的实施和村民利益的平衡。村委会在电商发展中还做了大量创新性工作，如孙庄村在村支书的领导下自发投资建设的淘宝一条街。这不仅推动了本村及周边村庄的土地升值和电商经济的发展，也促进了乡村电商配套服务的升级和公共服务机构的集聚。通过这种自下而上的努力，大集镇形成了一个电商服务的聚集区，提升了整个地区的电商发展水平和公共服务能力。

（三）协调内外的新兴治理主体崛起

在大集镇乡村电商的蓬勃发展过程中，尽管村级治理能力的提升和政府治理重心的下沉对于乡村治理结构的优化产生了积极影响，但随之而来的挑战也日益凸显。乡村电商的发展不仅需要有效的经济支持和技术指导，还涉及物流、金融、法律等多方面的服务需求。因此，乡村治理不仅需要政府和村委会这两个传统治理主体的参与，更需要第三方组织的加入，以提供更加专业和细分的服务，从而形成更加完善和高效的治理体系。在理想状态下，第三方组织能够作为专业的中介，填补政府与村民之间的信息和服务差距，促进资源的有效配置和利益的平衡协调。这些组织可能包括非政府组织（NGO）、行业协会、合作社、企业等，它们可以在乡村电商的各个环节中发挥专业服务和桥梁纽带的作用。

淘宝产业发展领导小组的成立标志着大集镇政府在乡村电商治理上的一项重要创新，这个领导小组由镇政府直接领导，旨在集中管理和协调乡村电商相关事务，确保乡村电商发展的政策和资源能够高效准确地传达和实施。该小组的成立有效减少了传统治理模式中层层指示和汇报所带来的信息滞后和资源浪费，缩短了镇政府与乡村政权乃至村民之间的沟通距离，为基层参与决策和治理提供了便利条件。为了进一步加强镇政府与村民间的直接沟通，淘宝产业发展领导小组下设淘宝产业发展服务办公室。这个办公室成为村民与政府沟通的桥梁，村民可以通过它及时向政府反映在电商从业过程中遇到的问题和需求，从而获得必要的帮助和支持。这种机制大大提升了沟通的时效性和准确性，确保了村民的诉求和问题能够得到快速有效的响应和解决，同时为村民提供了一个便捷高效的参与乡村治理的渠道。通过引入淘宝产业发展领导小组和服务办公室这两种新兴治理主体，大集镇的乡村治理模式实现了从层层上报、层层下达的单向沟通模式向双向互动、快速响应的模式的转变。这不仅提升了乡村电商治理的效率，也增强了村民在乡村治理中的参与感和归属感，促进了政府与村民之间的信任和合作，为乡村电商的健康发展和乡村治理的现代化提供了有力支撑。

除了政府直接成立的临时性体制内协调机构，体制外经济组织的出现也为乡村电商的持续健康发展提供了重要支撑。这类组织通过集结乡村内外的资源和力量，促进了市场信息的共享、生产成本的降低、抵御市场风险的能力的增强。其中，大集镇表演服饰协会的成立便是一个典型的例子，展示了体制外经济组织如何有效地协调乡村电商的发展。大集镇政府在电商发展的初期牵头成立了大集镇表演服饰协会，该协会由丁楼村村支书担任会长，村经委主任担任秘书长，吸引了全镇的表演、摄影服饰加工企业和淘宝商户自愿加入成为会员。这个协会主要职能包括加强电商企业间的协调、协作和交流，沟通企业与政府之间的联系，促进企业技术进步，以及规范乡村电商发展。大集镇表演服饰协会通过组织各类活动和服务，有效解决了电商发展中遇到的一系列问题。例如，协会针对行业内普遍存在的同质恶性竞争问题，提出并实施了一系列措施，鼓励生产商进行自主创新，推动产品多样化发展。同时，协会为电商企业提供了一个平台，使其能够共享市场信息、交流经验，降低了单个企业的运营成本，增强了整个行业抵御市场波动的能力。通过协会的努力，大集镇的电商企业不仅在经营模式和产品创新上取得了进步，还在市场竞争中形成了更加健康、有序的发展格局。此外，协会还起到了桥梁的作用，加强了企业与政府的沟通，使得政府的政策支持和服务能够更加精准地对接企业的需求。大集镇表演服饰协会与淘宝产业发展领导小组的存在，构成了政府与村民间的重要中间治理层级。这种自下而上与自上而下相结合的治理模式，有效地弥补了传统治理结构在面对快速发展的乡村电商时的不足，为乡村电商的可持续发展提供了坚实的组织保障和资源支持。

第四章 鲁西崛起背景下"淘宝村"发展的成就

第一节 稳扎稳打,农村电商持续领先

一、政府与企业的双向支持

(一)建设淘宝产业园的先见之明

在现代经济的发展进程中,政府与企业之间的关系与合作愈发成为推动地方经济发展的关键。鲁西的淘宝村作为农村电商的佼佼者,其成功离不开政府与企业之间紧密而互补的双向支持。随着电商行业的兴起,很多地方政府认识到了这一新兴产业的重要性,大集镇政府就是其中的代表。大集镇政府的前瞻性体现在淘宝产业园的建立上。这不仅仅是一个地方,更是一个策略,一个带给当地电商产业持续动力的源泉。

淘宝产业园的建立对于电商从业者而言,如同在沙漠中找到了绿洲。这里提供的不仅仅是一个物理空间,更是各种资源和机会。在这样一个专业的环境中,电商从业者可以更专注于经营,摆脱了其他外部环境的不稳定因素。与此同时,产业园内的同行之间的交流和合作变得更为便

捷。这种环境为电商从业者提供了更多的创新和发展的空间，使他们在这片热土上得以快速成长。而这背后是大集镇政府对于产业发展方向的深刻洞察，即要想真正推动电商产业的发展，单纯的资金投入和宣传是远远不够的，还要为电商从业者创造一个良好的生态环境，使他们在这个环境中如鱼得水，自然而然地推动整个产业的繁荣。因此，淘宝产业园的建立是大集镇政府对于电商产业发展的一次深度思考和策略定位。政府为企业提供了有利的外部条件，企业则用实际行动不断地推动着地方经济的发展。这种互补的关系为大集镇带来了稳定而持续的经济增长，也使得淘宝村在农村电商这一领域保持持续领先。

（二）激励电商创业与品牌建设

当人们谈论鲁西淘宝村的农村电商成功之路时，必须提及政府与企业的双向支持这一不可或缺的核心要素。在这种支持体系中，政府为电商创业与品牌建设提供的远不止是简单的资金和资源的投入，更有对未来商业发展趋势的准确洞察，以及对创业者与品牌的长远信心。政府对电商创业的支持并非一蹴而就的，而是经过深思熟虑的选择。电商业自身的特点是变化迅速，竞争激烈，仅依赖传统的销售模式，可能会在未来面临较大的市场风险。但是，一个有自己品牌、有自己的独特价值的企业，无论是在市场竞争中，还是在与客户建立关系时，都有更大的话语权。这就是政府鼓励电商从业者向品牌制造转型的原因。

品牌不仅仅是一个名字或一个标志，它代表了企业的价值和特色。有了品牌，企业就有了明确的市场定位，能够更好地与消费者沟通，并在竞争中脱颖而出。品牌的价值也远不止于产品本身，它还可以通过形象、文化和情感与消费者产生深厚的连接，从而建立起长期、稳定的客户群。当企业决定从事品牌建设时，需要面对的挑战是巨大的。从产品设计、品质控制到市场推广，每一个环节都需要投入大量的时间、精力和资源。在这种情况下，政府的支持尤为重要，不仅可以为企业提供资金支持，还可以为其提供政策指导、市场信息和培训服务，帮助其快速成长，实现品牌的价值。

（三）形成政府与企业的互惠合作模式

政府与企业的互惠合作模式为鲁西淘宝村的农村电商的成功打下了坚实的基石。这种双向的支持和合作，不仅提升了电商行业的竞争力，还促进了鲁西地区的繁荣发展。想象一个新兴的电商平台，面对诸多的市场挑战和竞争，如果没有一个坚实的后盾，很难取得长远的发展。大集镇政府正是这样一个坚实的后盾，它深知电商行业对于地方经济发展的重要性，并为电商企业提供了一系列有利的政策支持。

这些政策不仅包括资金扶持、税收减免，还有技术培训、市场拓展等。这种全方位的支持为电商企业解决了成长初期的种种困难，使其能够更为顺利地成长和扩张。这些得到政府支持的电商企业没有辜负政府的期望。作为电商行业的先行者，他们利用自身的优势，为大集镇带来了显著的经济增长。更为重要的是，电商行业的发展也带动了其他相关产业的崛起，如物流、广告、技术研发等。这些相关产业的兴起，不仅提高了大集镇的经济总量，还为当地创造了大量的就业机会，改善了居民的生活水平。这种"给予与获得"的关系确保了大集镇政府和电商企业之间的互惠合作，为大集镇的持续繁荣和发展奠定了基础（图4-1）。

图4-1 政企合作成果

（四）明确的地方发展战略

在数字化、网络化的今天，电商行业已经成为连接生产者和消费者的直接桥梁，它既能带来直接的经济效益，也能间接带动相关产业的发展。鲁西淘宝村所在的大集镇正是看到了这一点，才决定将电商产业作为其发展的核心。

但仅仅看到电商产业的潜力并不够，关键在于如何将这种潜力转化为实际的经济效益。为此，大集镇政府不仅为电商企业提供了必要的硬件设施，如电商产业园、交通物流设施等，更为电商企业提供了一系列软环境的支持，如培训、技术研发、市场拓展等。这确保了电商企业的稳定成长。同时，政府对于电商产业的支持并不是孤立的，而是融入了大集镇的整体经济发展战略中。这种对未来的规划和投资使得大集镇脱颖而出，成为电商产业的重要基地。

二、金融机构的深度合作

（一）强大的金融背书

作为经济发展的血液，金融对于一个地区的崛起至关重要。对于鲁西"淘宝村"而言，这一逻辑同样适用，但这里有其特殊之处，那就是与各大金融机构深度合作，构建一套完善的金融生态体系。设想一个场景：一位农村创业者有一个创业计划，想要进入电商行业。

金融背书的存在，不仅增强了外部对鲁西淘宝村的信心，也为当地的电商企业和创业者带来了实实在在的帮助。无论是新创企业的初创融资，还是既有企业的扩张和升级，都可以得到金融机构的大力支持。而对于金融机构来说，鲁西淘宝村的发展也带来了巨大的机会。电商产业的高速发展意味着巨大的市场空间和潜在的金融需求。通过与"淘宝村"深度合作，这些金融机构不仅可以扩大自己的业务范围，更可以借此机会深化自己在农村电商领域的影响力。值得一提的是，金融支持的背后还伴随着技术和知识的传递，为"淘宝村"的电商企业带来新的思路，助力它们在激烈的市场竞争中领先一步。

(二) 足够的资金支持

鲁西"淘宝村"凭借独特的地理位置和商业环境，吸引了大量的创业者前来开展电商业务。但正如每一个创业故事中都会经历的那样，初始阶段总是充满了各种困难和挑战。其中，资金短缺是最常见的问题之一。对于许多初创企业而言，面对庞大的前期投入和长时间的回本期，如何确保业务的正常运营、如何进行更为长远的规划，成为这些企业不得不面对的问题。

在这样的背景下，鲁西"淘宝村"与金融机构的深度合作尤为重要。通过小息贷款，这些初创企业能够获得相对充裕的流动资金来支持自身的运营。更为关键的是，这样的贷款并不是单纯的资金输血，而是一种长远的投资。金融机构之所以愿意为这些初创企业提供支持，是看中了鲁西"淘宝村"电商产业的发展潜力。有了资金的支持，这些初创企业可以更加专注于自己的核心业务，进行产品研发、市场拓展、品牌建设等。

(三) 稳健的金融生态环境

金融生态环境是指金融市场的规则、制度、监管、文化等方面的综合环境，它对区域经济的发展起着引导、支撑和促进的作用。一个稳定的商业环境意味着企业在其中可以得到公正的待遇，不会受到外界突如其来的打击，从而使得企业有信心进行长期的规划和投资。鲁西"淘宝村"的成功并不仅是基于其独特的电商模式，更与大集镇政府对商业环境的深度洞察和细致打造密不可分。在稳健的金融生态环境下，其他地方的企业、商家和供应商都愿意与鲁西"淘宝村"建立长期、深度的合作关系。这样的合作关系为鲁西"淘宝村"带来了更多的资源、技术，打开了市场。

三、面对困境的稳健应对

(一) 技术培训与创新驱动

在"淘宝村"内,一系列积极的措施被实施以适应日益发展的电子商务领域,重点放在提升居民在电商领域的专业技能和创新能力上。为此,村庄内部举办了多样化的教育活动,包括技术培训班和创新工作坊,涵盖了一系列关键技能,如电子商务平台的日常管理、网络营销策略、视觉设计原理及产品摄影技巧等。这些教育活动的目的是确保村民能够紧跟电商行业的最新动态和技术进步,从而提升其产品在市场中的竞争力。在此基础上,"淘宝村"还鼓励村民探索和实践产品创新,希望通过提供独特的产品和服务来拓宽其市场范围。这种对创新的鼓励并不限于产品本身,还包括营销方法和客户服务等多个方面。通过这种方式,"淘宝村"不仅提高了其居民的技能和知识,也成功地促进了村庄经济的多元化发展,为村民打开了前往更宽广市场空间的大门。

(二) 社区协作与品牌建设

在应对市场挑战的过程中,"淘宝村"采取了一系列有效措施来加强村内的合作与团结,进而形成了一个具有共同利益的紧密社区。资源共享和信息交流成为村民共同抵御外部市场变化的强大工具。为了实现这一目标,村民携手成立了电商协会,这不仅统一了对外宣传和营销策略,还使得村庄能够集体参与到各大电商平台举办的促销活动中,显著提高了"淘宝村"作为一个整体的品牌影响力。而且"淘宝村"特别注重产品和品牌的个性化及特色化。通过开发和推广具有地方特色的产品,村庄成功地提升了其产品的附加值,这不仅吸引了更多消费者的关注,也促进了产品的销售。通过这种方式,"淘宝村"的品牌形象得到了显著的提升,同时为村民创造了更多的经济利益。这种以社区为基础,通过集体行动来提升竞争力和品牌影响力的模式,为"淘宝村"在面对各种市场挑战时提供了有效的解决方案。通过内部合作与外部联合,"淘宝村"

不仅稳固了自身的市场地位,还成功地将地方特色与电商创新相结合,开创了一条可持续发展的道路。

四、电商发展的新模式化

(一)阶梯式发展

鲁西淘宝村的电商之路如同攀登一座峻峭的山峰,从最初的探索与试水,到逐渐明确方向和策略,再到不断优化和创新,每一个阶段都伴随着无数的挑战和机遇。这种阶梯式攀升可以概括为几个关键节点。起初,鲁西淘宝村还是一个农村市场,与电商没有太多关联。但随着互联网和电商的普及,大集镇看到了机遇。开始,人们通过互联网了解外界的信息,购买外地的产品,同时将本地的优质商品推向全国。这一时期为"启蒙期",是大集镇电商的崭新开始。

随着时间的推移,大集镇逐渐形成了自己的电商模式。结合本地的资源和优势,以及对市场需求的深入了解,大集镇开始专注于某些特定的电商领域,如农产品、手工艺品等。这一时期为"专业化期"。在这个阶段,大集镇已经不仅仅满足于简单的买卖,而是开始深化供应链、提高服务质量,为消费者提供更为丰富和高质量的购物体验。

之后,鲁西淘宝村进入了"创新期"。在这个阶段,大集镇不断探索新的电商模式和策略,如引入直播带货、与金融机构合作提供融资服务等。这一阶段的目标是为消费者提供更为便捷、个性化的购物体验,同时为企业带来更多的商业机会。

每一个阶段都代表了大集镇在电商领域的不断进步和发展。这样的模式化与阶段性发展,不仅为大集镇带来了经济效益,更为其赢得了市场的认可和消费者的信任。

(二)"一核两翼"新格局

"一核两翼"是一个既具体又富有深意的描述,其将村民电商创业就业定为"一核",将电商平台和服务型政府定为"两翼"。这一发展新格局明确了鲁西淘宝村电商发展的出发点和落脚点。"一核"不仅涵盖了经济层面的利益,更体现了大集镇对于电商社会价值的认识和追求。它意味着不论电商如何发展,都要紧扣村民的创业和就业这一主线,确保电商能够真正带动村民的收入增长和生活改善。"两翼"则是对"核"的有力支撑。电商平台为村民创业就业提供了必要的技术和市场支持。在这里,村民可以接触到先进的电商技术、学习电商营销的方法、与全国的买家直接交流。电商平台不仅打破了地域的限制,还为村民提供了更多的机会。服务型政府则是从制度和政策层面为电商发展提供保障。大集镇政府在电商发展中充当了"服务者"和"推动者"的双重角色。它为电商企业提供了各种便利条件,如资金支持、税收优惠、培训服务等,确保电商在大集镇能够稳定、健康发展。这种"一核两翼"的模式充分考虑了电商发展的多方面因素,形成了一个有机、协同、高效的运作机制。它不仅保障了电商发展的稳定性和持续性,更确保了电商能够真正为村民带来实际的经济和社会效益。

第二节 搭乘电商快车,赋能乡村振兴

一、打造"新经济"引擎,赋能乡村振兴

(一)鼓励村民加入电商行业

随着经济的转型和技术的进步,电商行业逐渐发展起来,其不只是城市的专利,还可使乡村从中受益。鲁西淘宝村的成功便是"新经济"与乡村经济的完美结合。曹县政府积极引导村民加入电商行业,这一决策成了促进乡村经济转型的关键(图4-2)。

图 4-2　曹县电商产业园建设成果

电商的出现让更多的年轻人发现，他们可以利用电商平台在家乡创业，销售自家产品，甚至可以把乡村的优质产品推向全国乃至全球市场。与此同时，电商平台的开放性为乡村带来了大量的商机。例如，曹县的产品，无论是传统的农产品还是工艺品，都可以在电商平台上展示和销售，直接连接消费者，减少了中间环节，提高了效率。为了更好地经营电商业务，村民开始学习网络营销、物流管理、客户服务等知识。这不仅增强了他们的竞争力，还为乡村发展注入了新的活力。

（二）打造乡村电商品牌

打造乡村品牌，不仅仅是销售数字的累计，更多的是对外部的持续输出。随着电商行业的持续发展，曹县逐渐被外界视为电商发展的典范，吸引了大量的投资者和创业者。他们看到了曹县电商所带来的巨大商机，纷纷涌入。这样的趋势进一步提高了曹县的知名度，形成了一个良性循环。随着曹县的电商品牌逐渐走红，越来越多的游客慕名而来，想要亲身体验这个凭借电商成功的乡村。因此，曹县也逐渐发展起了旅游业，吸引了众多的游客。这不仅为当地带来了大量的旅游收入，也使得曹县的品牌形象进一步巩固。当然，品牌的形成不是一蹴而就的，这背后涉及大量的市场调研、产品定位、品牌传播等工作。曹县能够在众多的乡村中脱颖而出，很大程度上得益于其对电商发展的前瞻性思考和持续努力。

（三）实现持续的经济增长

电商的出现让乡村有了新的选择。通过线上销售，农产品可以迅速走出乡村，直接进入消费者的视野，避免了中间环节的损耗，同时大大提高了销售效率。

除了农产品，电商平台也为乡村手工艺品、传统文化产品等提供了一个全新的展示和销售窗口。这种直接与消费者建立联系的方式，不仅大大提高了销售效率，也使得这些产品的价值得到了更多人的认可。村民也因此感受到了互联网给他们带来的实实在在的经济效益。电商不仅仅是一个销售平台，它更是一个学习和成长的平台。许多村民开始学习网络营销、线上订单处理等内容。这种学习不仅提高了他们的经营能力，更使他们完成了一次职业转型，成了现代的电商从业者，生活水平和经济条件都得到了显著提高。这种职业转型并不是个例。随着电商的普及，越来越多的乡村开始加入这一行列，村民也逐渐意识到，电商不仅仅是一个销售工具，更是一个帮助自己改变命运的平台。在一定程度上，这种转变为乡村的经济增长和职业多样化提供了强大的支撑。

二、创新金融支持，助推电商发展

（一）精准识别电商融资难题

对于电商企业而言，特别是那些在乡村中运营的电商，经常碰到季节性的资金流动问题。例如，为了准备一个购物节或特定的销售季，企业可能需要大量的预备货物，做好前期投资，而销售收入往往在未来的某个时间点才会实现。这就导致一个时间上的资金缺口，即使是最有前景的电商企业，也可能因为这种资金压力而陷入困境。

正是看到这一市场缺口和巨大的潜在需求，工商银行菏泽分行积极创新,为电商企业提供更加灵活的金融服务。通过对电商业务的深入了解和研究,银行成功地识别出了这些企业的真正需求,并为其量身定制了一系列的金融产品。例如,通过与电商平台的深度合作,银行可以直接获取电商企业的销售数据和信用记录。这样,即使企业没有传统的抵押物,只要其在线销售表现良好,就可以获得银行的信贷支持。这种根据企业实际经营状况来决定贷款额度的方式,既增强了银行的风险控制能力,又为电商企业提供了及时的资金支援。

(二)推出"淘宝镇电商贷"

在众多乡村中,鲁西淘宝村成功地搭乘了电商这辆快车。与此同时,金融机构意识到,仅仅依靠传统的金融方式很难满足这种新型业态的需求。因此,工商银行菏泽分行推出了"淘宝镇电商贷"这一旨在解决电商融资难题的创新金融产品。"淘宝镇电商贷"并不只是一个单纯的贷款服务,它综合考虑电商企业的实际运营情况,结合电商企业的销售数据、信誉记录及其他相关信息,从而为电商企业提供了更为精准的金融支持。无论是按日计息、不提款不产生费用,还是单户最高授信 50 万元的条款,都显示出了它的前瞻性和务实性。按日计息意味着电商企业只需要为实际使用的天数支付利息,这种方式大大减少了融资成本,使得电商企业能够更加灵活地运用资金,为其经营活动带来更多的可能性。不提款不产生费用的原则进一步确保了电商企业在没有融资需求时不会产生额外的金融负担。最吸引人的是,这种贷款方式无须抵押担保。这一点对于大多数电商企业来说,无疑是一个巨大的利好,让这些电商企业在没有充足的抵押物或者担保资产的情况下,也能够得到金融支持。工商银行菏泽分行的这一举措为其他金融机构提供了启示:在新经济形势下,金融机构需要变得更加灵活,更加贴近实体经济,为企业提供有针对性的服务。对于鲁西淘宝村的电商企业而言,这种金融支持不仅解决了企业的资金问题,也为企业带来了新的增长动力。

三、借助大数据平台提供精准服务

(一) 精准筛选模型

当今时代,大数据成为一个不可忽视的助推器,为各个领域注入了无尽的可能性。在电商领域,尤其对于像鲁西淘宝村这样的电商重镇,大数据不仅意味着机会,更意味着未来的发展。大数据的运用,给金融服务带来了翻天覆地的变化,它可以将海量的信息进行深度分析和整合,从中挖掘有价值的信息,为电商提供更为精准和专业的金融服务。更为关键的是,大数据还为电商企业提供了更多的增长机会。通过对消费者行为、购买习惯等数据的分析,电商企业可以更加精确地了解市场需求,从而制定更为合适的营销策略和产品策略。这不仅可以帮助电商企业提高销售额,还可以为其带来更多的客户。

(二) 满足即时需求

在现代社会,速度和效率已成为电商领域的核心要素。面对竞争激烈的市场环境,只有能够快速响应和满足市场变化的企业才能脱颖而出。在繁忙的销售季节,电商行业的资金流转速度和频率远超其他行业。库存管理、订单处理、物流配送、市场推广等一系列活动都需要大量的资金作为支撑。此时,金融服务的审批效率和服务速度尤为重要。

利用大数据平台,银行不再受限于传统的审批流程,而是通过对电商客户历史交易数据、资金流动情况、经营状况等信息进行精准分析,迅速做出贷款审批决策。这种基于大数据的分析和决策不仅大大提高了审批效率,还确保了审批的准确性,避免了因为误判而带来的风险。对于电商企业来说,这意味着在遇到突发的融资需求时,可以随时随地申请,迅速得到金融支持。这种即时性不仅为电商企业节省了宝贵的时间,也为其提供了更为有力的支持,使其能够更为迅速地抓住市场机会,应对各种挑战。

（三）助力可持续发展

在现代商业环境中，大数据被誉为"新的石油"。不论是大型企业还是乡村电商，都已经意识到数据的价值，并努力利用大数据为自己带来竞争优势。鲁西淘宝村的乡村电商亦不例外。乡村电商的快速崛起，部分得益于当下信息技术的飞速进展。在这个背景下，大数据平台为乡村电商注入了新的活力。这些平台使得企业能够收集、存储和分析海量的数据，从而帮助他们更好地洞察市场、优化策略，最终实现可持续发展。

从商品选品、定价、市场营销到售后服务，每一个环节都离不开大数据的指导。例如，通过大数据分析，企业可以知道哪些商品最受欢迎、哪些商品的退货率较高，甚至可以预测在某个季节哪些商品的销量会有所上升。这样的洞察力使得乡村电商企业能够迅速应对市场变化，提前做好准备。对于消费者需求的了解则直接影响企业与消费者的关系。大数据可以帮助企业更精准地了解消费者的喜好、购物习惯等，从而为他们提供更加个性化的服务。例如，基于消费者的购物历史和浏览记录，乡村电商企业可以为其推荐感兴趣的商品，从而增加交易的可能性。另外，大数据还可以帮助乡村电商企业节约成本。通过对销售数据、库存数据等的分析，企业可以更好地管理供应链，避免库存积压的问题。这不仅可以降低运营成本，还可以提高企业的响应速度，为消费者提供更快速的服务。

四、发展普惠金融，助力乡村振兴

（一）面向小微企业与草根创业群体

在助力乡村振兴的道路上，普惠金融是一个不可或缺的重要环节。对于乡村地区，特别是像鲁西淘宝村这样的电商集聚地，普惠金融不仅代表着金融资源的公平分配，更意味着乡村振兴的具体实践。在众多金融机构中，工商银行菏泽分行走在了前列。面对小微企业和草根创业群体，这家分行展现出了足够的情怀和担当，针对这一特定群体，推出了一系列的特色化金融服务和产品。这不仅仅是金融创新,更是金融责任的体现。从企业的成立、发展,到产品的研发、销售,再到后续的扩展和转型,工商银行菏泽分行为其提供有力的金融支撑。这种支持的背后,不仅仅是资金的流动,更有对于乡村经济的深入理解和积极参与。同时,这家分行还与多家电商平台、物流企业、供应链企业等合作,构建完整的乡村电商生态圈,为小微企业和草根创业者提供了更为广泛的发展空间。

(二)促进产业链的整体发展

一个电商企业的崛起,可能会带动包装、物流、广告等多个相关产业的发展,这就形成了一个完整的产业链条。这一产业链条的形成对于地区经济的发展至关重要。它不仅仅意味着单一企业的成功,更是整个地区经济多元化的保证,有利于吸引更多的投资,带来更多的合作机会,从而实现持续、健康的发展。工商银行菏泽分行深知其责任和使命,不仅为企业提供资金支持,更为其提供了一系列的增值服务,如市场分析、产业趋势预测等,帮助企业更好地把握机会,避免风险。

第三节 探索"非遗+电商"发展模式

一、对接市场需求

(一)从单一到多元

在现今瞬息万变的市场环境下,静态的策略和单一的产品线很难长久维持一个企业的市场地位。鲁西"淘宝村"深知这一点,因此在发展"非遗+电商"的模式时,对产品线的拓展与创新成为其关键策略之一。

对接市场需求，一方面意味着要与时俱进，不断地调整和完善自己的产品，以适应市场的变化；另一方面要求企业能够深入挖掘潜在的市场机会，了解不同消费者的深度需求。只有这样，企业才能真正做到从单一到多元的产品线拓展。

从功能上来说，单一的产品往往只能满足消费者的基础需求，而多元化的产品可以针对不同消费者的不同需求进行定制和优化。例如，针对年轻消费者，企业可以推出更加时尚、具有设计感的产品；针对中老年消费者，企业应更注重产品的实用性和传统文化元素的融入。

款式的多样化能够满足消费者日常生活中的不同场合的现实需求。无论是工作、休闲还是特殊场合，多样化的款式可以为消费者提供更加丰富的选择。这不仅可以提高消费者的购买意愿，还能够增加消费者对品牌的忠诚度。

在"非遗+电商"的背景下，产品设计应更加多元，以扩大受众群体，获得市场份额。这样的策略指导下的鲁西"淘宝村"的产品不仅仅是满足消费者基本需求的工具，更是一种文化和生活方式的体现，它为消费者提供了更多的选择，也使自身更具市场竞争力。

(二)结合现代审美

在快速发展的现代社会，市场对产品的需求和审美发生了巨大的变化。然而，传统文化与现代审美的结合并不是一个简单的任务。这需要企业深入理解传统文化的精髓，同时能够敏锐地捕捉到消费者的多样化需求。鲁西"淘宝村"正是凭借这样的敏锐触觉，在"非遗+电商"模式中取得了显著成效。谈到"入木三分自然生活设计创新中心"，人们最先想到的往往是它独特的设计理念。这里，传统的木制品与现代审美相结合，形成了一种独特的风格。例如，一件传统的木雕在经过设计师巧妙的设计之后，就变成了一件既可以作为实用工具，又可以作为家居装饰的艺术品。这样的产品不仅让人们在使用中感受到了传统文化的魅力，也为他们的生活增添了乐趣。

电商平台为这种产品提供了一个展示和销售的空间。在电商平台上，产品的图片、视频和描述可以让消费者更直观地了解产品的特点和价值。同时，通过电商平台的推广活动、直播带货等方式，这种融合了传统与现代的产品更容易被大众所了解和接受。这不仅为鲁西"淘宝村"带来了良好的经济效益，也实现了对非遗的传播和推广。结合现代审美是鲁西"淘宝村"在"非遗+电商"模式中取得成功的关键因素之一。而这背后是鲁西"淘宝村"对非遗的深厚情感和对现代市场的敏锐触觉。这种对传统与现代的完美融合，不仅提升了产品的市场竞争力，更为传统文化的传承和发展注入了新的活力。

二、拓展电商渠道

（一）多平台同步布局，提高市场覆盖率

在这个数字化时代，电商平台已成为消费者购物的主要选择之一。为了适应市场的变化和发展，鲁西"淘宝村"采用了全方位的电商渠道拓展与营销策略，实现了非遗和电商的完美结合，形成了独特的市场优势。多平台同步布局是鲁西"淘宝村"的一大明智之举，不同的电商平台各有其特点和用户群体。例如，天猫更多的是中高端用户，追求品质和服务；京东强调正品、速度和服务；亚马逊则聚焦国际化市场，拥有众多的海外消费者。鲁西"淘宝村"通过在这些平台同步布局，确保了非遗产品可以覆盖各种消费群体，从而最大化地提高了市场覆盖率。

此外，多平台同步布局也为非遗产品带来了更多的曝光机会。每一个电商平台都有其独特的推广策略，如"618"等大促活动。鲁西"淘宝村"利用这些机会，结合自身的产品特点，进行巧妙的营销，进一步增强了非遗产品在市场上的影响力。而在这些电商平台上，鲁西"淘宝村"并不只是简单地进行产品销售，更注重通过内容营销、直播带货、KOL合作等方式，深化与消费者的互动。这不仅有助于提高产品的销售额，还能帮助消费者更加深入地了解非遗文化，感受产品背后所蕴含的深厚

历史文化底蕴。电商渠道拓展与营销的全方位策略为鲁西"淘宝村"带来了显著的市场效益。更为重要的是,这种策略实现了非遗与现代市场的完美结合。在此过程中,非遗变得充满活力和创意,与消费者形成了更为紧密的联系。

(二)直播电商的深度结合,实现新的销售突破

电商的世界在不断演变,与此同时,消费者的购买习惯也在逐渐发生变化。作为一种新兴的销售模式,直播电商已经在现代社会占据了越来越重要的地位。鲁西"淘宝村"在探索"非遗+电商"模式的过程中,充分认识到了直播电商的巨大潜力。通过这种形式,非遗传承人或企业得以将自己的产品和背后的故事直接呈现给观众,观众则可以实时地提问、评论和反馈,形成一种前所未有的紧密互动。

这种互动性不仅增强了消费者对产品的兴趣和信赖,更拉近了他们与非遗传承人之间的距离。想象一下,当一个手工艺人正在直播中展示如何制作一个传统工艺品时,消费者可以即时地了解工艺品的每一个细节,感受手工艺人的匠心独运和对传统文化的深厚情感。这种情感的传递对于加深消费者的认知,进而产生购买欲望是非常关键的。值得一提的是,直播电商的形式也极大地拓展了鲁西"淘宝村"的客户群。在过去,非遗产品的受众可能受限于某一区域或群体。而现在,无论是城市的年轻人还是国外的消费者,都可以轻松地通过直播平台了解和购买鲁西"淘宝村"的产品。这为非遗产品的市场推广打开了全新的大门。除了以上所述的好处,直播电商还为鲁西"淘宝村"带来了更为专业化和个性化的销售策略。非遗传承人可以根据直播时的观众反馈,调整自己的产品设计和推广策略,从而更好地满足市场需求。

(三)线上线下同步发展,构建全渠道销售体系

在今天的电商市场中,单一的线上或线下渠道已经无法满足消费者日益多样化和精细化的需求。鲁西"淘宝村"对于电商与传统营销渠道的完美融合正是其在"非遗+电商"模式探索中的一大亮点。线上与线

下的同步发展为鲁西"淘宝村"带来了巨大的优势。在线上，消费者可以快速浏览大量的产品信息，轻松完成选择与购买。但许多消费者对于非遗产品仍有亲自体验、感受的需求。这时，线下的实体店就成了满足这种需求的重要场所。在这里，消费者可以近距离地观察产品的细节、与销售人员互动、亲自尝试产品，从而获得更为直观和深入的了解。

线上线下的同步发展使消费者可以在各自适合的场景中获得最佳的购物体验。例如，对于已经对某一产品有了初步了解的消费者，线上购物可以为其提供便捷的购买渠道；对于那些希望深入了解产品的消费者，则可以选择到线下的实体店购买。这种全渠道的销售体系，不仅为消费者带来了便利，也为鲁西"淘宝村"的非遗产品打开了更为广阔的市场空间。

（四）持续创新，保持市场竞争力

在当前的商业环境下，只有不断创新才能确保一个企业的市场竞争力。鲁西"淘宝村"正是凭借这种前瞻性的思考，成功地将非遗与电商模式进行了有机结合，创造出一种新的市场格局。"有爱云仓"直播基地的设立是鲁西"淘宝村"在电商领域的又一次重要探索。直播作为一种新兴的销售模式，不仅为消费者带来了全新的购物体验，也为非遗传承人和企业开辟了一个全新的市场渠道。不同于传统的线上销售，直播可以让消费者实时地看到产品的展示，更直观地感受产品的价值，从而产生购买欲望。

但要成功地运用直播这一模式并不是一件简单的事情。对于许多非遗传承人和企业来说，如何在直播中有效地展示产品，如何与观众进行有效的互动，都是需要学习和掌握的技能。"有爱云仓"直播基地正是为了解决这一问题而成立的。它不仅为非遗传承人和企业提供了一个展示和销售的平台，也为他们提供了培训和指导，帮助他们更好地适应直播这一新模式。这种持续的创新，不仅增强了鲁西"淘宝村"的市场竞争力，也为非遗的传承和发展提供了有力的支持。在"有爱云仓"直播基地的帮助下，许多非遗传承人和企业成功地找到了新的销售方式，实现了自身的发展与壮大。当然，鲁西"淘宝村"的成功并不仅仅依赖直播基地。在其背后，对市场的敏锐观察、对消费者需求的深入了解，以及对自身优势的不断加强和完善也是不容忽视的。正是这种全方位的思考和努力，使鲁西"淘宝村"在"非遗+电商"模式上取得了卓越成就。

三、助力传统文化"走出去"

（一）扩大市场范围

在经济全球化的今天，任何一个企业想要持续发展，都不能局限于本地市场。对于鲁西淘宝村来说，推动传统文化"走出去"不仅是一种市场拓展策略，更是传承和推广非遗的重要方式。鲁西淘宝村明确地认识到，虽然本地市场具有巨大的潜力，但国际市场所带来的机会和挑战同样不容忽视。因此，鲁西淘宝村决定将视角放到更广阔的国际市场上，试图在全球范围内推广和销售本地的非遗产品。

为了更好地进入国际市场，鲁西淘宝村选择了文旅博览会、国际旅游交易会等国际级别的展示平台作为其产品的展示窗口（图4-3）。这些展会集结了全球各地的消费者、企业和专家，为鲁西淘宝村提供了一个极佳的机会，让人们亲眼看到、感受到本地非遗产品的魅力。通过在这些展会上的展示，鲁西淘宝村的非遗产品受到了众多国外消费者和业内专家的关注和喜爱。特别是一些具有深厚文化内涵和独特工艺的非遗产品，如独特的手工艺品、传统的服饰等，受到了国外消费者的热烈追捧。这不仅为鲁西淘宝村带来了丰厚的经济利益，也为本地非遗的传承和推广提供了有力的支持。

第四章 鲁西崛起背景下"淘宝村"发展的成就

图4-3 曹县电商平台国际化发展成果

（二）推广中国文化

对于鲁西淘宝村来说，"非遗+电商"的发展模式不仅是一种商业创新，更是文化传播的重要途径。当非遗产品被呈现在国际市场上，它们所代表的不只是简单的商品，更是背后浓厚的中国文化、历史与传统。每一件产品都是对中国传统工艺和匠人智慧的一次完美演绎，背后隐藏着无数匠人的辛勤付出与对传统工艺的热爱。让世界看到非遗产品，就是让世界了解中国。传统的绣品、陶瓷、手工艺品等，每一个都蕴含中国人的审美和生活哲学。例如，一件手工制作的茶具，背后就有着中国人对茶的敬重，以及茶文化中的"静、和、雅"的生活哲学。通过这样的非遗产品，国外的消费者不仅能够体验到产品本身的价值，更能够深入感受中华传统文化的魅力。

为了进一步推广中国文化，增加品牌的国际影响力，鲁西淘宝村还采取了一系列的措施。例如，与国外的文化和旅游机构合作，举办各种文化交流和推广活动，通过线上和线下的方式，将非遗产品与中国文化紧密结合，为国外的消费者提供了一个全新的体验。这样，无论是在展

· 095 ·

会上,还是在电商平台上,都能够让消费者感受中国文化的魅力。这样的策略为鲁西淘宝村带来了显著的商业效益,也为全球的消费者提供了一个了解中国文化的新途径。

(三)开展实地考察

鲁西淘宝村深知,要使非遗产品在国际市场上真正受欢迎,仅仅依赖产品本身是不足够的。这是因为跨国文化交流和营销是一项细致入微的工作,涉及的不仅仅是产品本身,还包括文化、审美、习俗等众多方面的差异。因此,组织企业专家赴海外学习和考察成为必不可少的环节。这样的实地考察更像一次深入的沉浸式体验。在这过程中,企业专家可以与当地的商家、消费者直接交流,了解他们的真实需求和反馈,掌握最新的市场趋势。这确保了非遗产品不仅仅是简单地"走出去",有利于实现文化和市场的双赢。

四、积极引进人才

文化的传承和创新离不开人才的培养和引进。特别是在非遗这样一个深厚而又需要创新的领域,人才的作用尤为关键。鲁西淘宝村正是看到了这一点,从而积极与高等院校展开合作,以培养和引进更多的优秀人才。与山东工艺美术学院等高校的合作,使鲁西淘宝村得到了一批既懂非遗又具备现代设计和制作技能的优秀毕业生。这些毕业生凭借其在学院里学到的先进知识和技能,为非遗的传承和创新带来了新的活力。他们不仅能够对传统的非遗技艺进行传承和推广,还能够结合现代设计理念,创作出既有传统韵味又符合现代审美的非遗产品。

另外,村庄还通过建立电商创业孵化中心,为有意向的电商创业者提供一站式服务。这些服务包括提供创业指导、市场分析、法律咨询等,旨在降低创业门槛,吸引更多具有电商背景的人才到村庄发展。这种孵化中心成了连接村民和外来电商人才的桥梁,为"非遗+电商"模式的实施提供了强有力的人才支撑。各"淘宝村"还举办了系列电商创新大赛和非遗产品设计大赛，通过竞赛的形式吸引了大量对电商和非遗感兴趣的人才。这些大赛不仅是对优秀创意和产品的一种奖励，也是一种有效的人才引进和筛选机制。通过这种方式，村庄成功吸引了一批具有创新意识和实践能力的人才，为"非遗+电商"模式的发展注入了新鲜血液。同时，村庄在人才培养上下足了功夫。举办定期的电商技能提升培训班和非遗文化传播工作坊，旨在提高村民自身的电商能力和对非物质文化遗产的保护意识。这些培训班和工作坊不仅吸引了村内人才的参与，也对外开放，吸引了更多的外来人才参与到"淘宝村"的发展中来。

与此同时，鲁西淘宝村注重与非遗传承人之间的深度合作。这种合作不仅仅体现在产品的制作与销售上，更体现在对非遗的传承与推广上。非遗传承人作为非遗的真正传人，他们对非遗技艺的了解和掌握是任何人都不可替代的。鲁西淘宝村在与非遗传承人合作的过程中，尊重非遗传承人的意见和建议，确保了非遗技艺得到真正的传承与保护，也让产品凭借非遗元素的加持而更具市场竞争力。

第五章 鲁西崛起背景下"淘宝村"发展的新挑战

第一节 网商经济关系结构的嬗变

一、适应快速变化的市场需求

（一）产品更新速度的挑战

在互联网的高速发展下，整个市场的需求和偏好都在与时俱进，快速演变。对于鲁西淘宝村而言，这不仅是机遇，更是一种挑战。它反映了鲁西淘宝村经济结构的持续变化，也成为其发展道路上的一个重要考验。具体到演出服饰产业，这个领域的市场独特性就是变化快。时尚是一个永恒的话题，而在这一产业中，它的变化更为剧烈。今天的流行元素，明天可能就过时了。这使得人们想要在这个行业中生存，必须有前瞻性的思维和敏锐的洞察力，以及随时适应变化的能力。对于鲁西淘宝村的商家来说，快速适应这种变化十分关键。但这并不仅仅意味着设计创新，更多的是对整个市场的深入了解，能够在第一时间捕捉到新的市场需求，然后迅速调整自己的生产线，为消费者提供他们需要的产品。

同时，鲁西淘宝村面临生产流程的挑战。传统的生产模式在这种快速变化的市场环境下会不适应。因此，优化和调整生产流程十分迫切。而要满足这种快速变化的市场需求，单靠生产和销售是不够的，更为重要的是建立一套有效的市场信息反馈机制。只有真正了解市场的需求，才能做出正确的决策。这需要商家与消费者建立紧密的联系，实时获取市场反馈，从而不断优化产品和服务。但是，快速响应市场并不意味着盲目跟风。鲁西淘宝村的商家在追求快速响应的同时，要保持自己的特色，这样才能在激烈的市场竞争中脱颖而出，获得消费者的认可。

（二）种类丰富带来的挑战

鲁西淘宝村作为一特殊的网商经济体系，其核心竞争力在于不断适应市场变化，以满足广大消费者的需求。然而，当前的消费者不再满足于简单、单一的产品。他们追求的是与众不同、能够展现个性的产品形式与功能。这样的变化，对于鲁西淘宝村的企业，尤其是服装加工企业而言，无疑是一个挑战。对于这种情况，鲁西淘宝村面临的首要挑战就是如何持续满足消费者的多样化需求。这意味着要生产出多种款式的服饰，更要确保这些服饰能够达到消费者的期望，而不是仅仅为了迎合市场。

这里面涉及的内容非常复杂。一是在短时间内获得新款式、新风格的灵感。这需要鲁西淘宝村的设计师不断进行市场调研，了解消费者的真实需求，并结合自己的专业知识，进行创新设计。二是确保这些新款式能够被快速生产出来，并且达到高质量的标准。这需要鲁西淘宝村的生产流程和质量控制体系得到有效的升级和优化。不仅如此，生产工艺、材料的选择，以及如何确保产品的质量和美观度达到最佳，这些都是鲁西淘宝村需要面对的问题。三是确保这些多样化的产品能够得到有效的推广和销售，使消费者能够真正地了解并购买。这需要鲁西淘宝村的销售和营销团队进行深入合作，结合网络营销，确保每一个新产品都能够得到消费者的关注。四是处理库存和物流问题。多样化的产品意味着需要更为复杂的库存管理和物流配送体系，这对于鲁西淘宝村来说，也是一个不小的挑战。

（三）生产模式的更新

适应快速变化的市场需求是每一个经济实体的核心挑战，而对于鲁西淘宝村来说，这一挑战尤为突出。在如今竞争激烈的环境中，仅依靠传统的生产方式和技术很难保持竞争力。而这种竞争力的丧失，不仅可能导致销售量的下降，更可能导致鲁西淘宝村在市场中的地位受到威胁。从这一层面看，生产模式的更新是确保鲁西淘宝村继续保持市场竞争力的关键。但这并不是一件容易的事情，因为它涉及许多方面的挑战。

随着技术的不断进步，每一种生产模式都有其自身的优势和局限性。鲁西淘宝村需要根据自己的实际情况，选择最适合的生产模式，而不是盲目跟风。而要引入新的生产模式，资金投入必不可少。对于鲁西淘宝村的企业来说，资金的筹措是一大挑战。如何平衡投入和回报？如何确保资金的有效使用？这些都是鲁西淘宝村需要认真考虑和解决的问题。同时，生产模式的更新意味着鲁西淘宝村的员工需要接受新的培训。而这样的培训，不仅需要时间，还需要资金。另外，生产模式的更新可能导致一部分员工失业。因为新的生产模式往往更加依赖机器而不是人工。这就需要鲁西淘宝村的企业考虑如何解决这部分员工的问题，既要确保他们的生活，也要确保企业的生产效率。

（四）营销策略的调整

在营销策略的调整上，能否与市场的脉搏同步决定了鲁西淘宝村能否保持持续的增长势头。关于营销策略的调整，其实就是要与消费者的需求和行为保持同步。在一个信息发达、消费者选择丰富的时代，如何准确地捕捉消费者的真实需求，以及如何通过独特的方式满足这些需求，成为每一个网商必须思考并解决的现实问题。

鲁西淘宝村的网商在这方面也面临巨大挑战。他们不断地对市场进行研究，了解消费者的付费意愿，同时对成本严格控制，确保每一个产品都能够获得合理的回报。销售渠道的选择就很有代表性。在网络化时代，消费者的购买行为也发生了巨大的变化。这就要求鲁西淘宝村的网商不仅要考虑线上的销售渠道，还要考虑线下的销售渠道，结合线上和线下的资源，使得产品在短时间内被更多的消费者所知悉和接受。

二、维持规模化与专业化的平衡

（一）规模化生产的挑战与机会

维持规模化与专业化的平衡对于鲁西淘宝村这一特殊的经济实体而言，可谓是摆在其发展道路上的一个关键命题。进一步剖析其中的逻辑与困境，可以发现这背后蕴藏的是如何确保品质与效率并行，如何在持续创新与高效生产之间找到最佳的平衡点。规模化生产带给鲁西淘宝村的优势是显而易见的。随着生产规模的扩大，鲁西"淘宝村"可以更好地实现生产要素的集约利用，使得单位成本持续下降。这无疑为鲁西淘宝村的网商群体提供了更为有利的价格竞争力，使其在激烈的市场竞争中处于有利地位。同时，规模化生产能够带来更高的产能，满足日益增长的市场需求，捕捉更多的市场份额。

一方面，随着生产规模的不断扩大，管理上的盲点在所难免。这些盲点可能导致生产中的瑕疵，使得产品品质降低。而在现今这个信息透明、消费者口碑至关重要的时代，一旦品质出现问题，很可能导致企业的声誉受损，长远看甚至可能影响整个鲁西淘宝村的形象。因此，在扩大生产规模的过程中，确保每一个环节都严格控制，每一个产品都保持高品质，成了鲁西淘宝村需要面对的挑战。另一方面，专业化是提升产品品质、增强核心竞争力的关键。专业化意味着对某一领域的深入探索，意味着对技术、材料、设计等各个方面的持续创新。这样的持续创新能够使产品不断地迎合市场的最新需求，增强消费者的黏性。然而，专业化的深入发展往往需要较高的研发成本、较长的研发周期，与追求规模化生产的效率这一要求存在一定的矛盾。所以，在规模化与专业化之间找到平衡点成为鲁西淘宝村发展的关键。这不仅仅需要网商具备高度的市场敏感性，还需要他们具备足够的创新能力、管理能力，确保在追求效率的同时不牺牲品质。而这也正是鲁西淘宝村在未来发展中需要不断思考与实践的课题。

（二）专业化生产的价值与需求

回望鲁西淘宝村的崛起，其对特定市场的专业化生产是成功要素。专业化意味着对某一市场细分领域的深入挖掘与服务，它带来的不仅仅是高效率的生产，更是对消费者细微需求的精准把握。当一个生产实体能够深入了解并满足其目标市场的特定需求时，其就能在这一市场中建立起坚固的壁垒，赢得消费者的忠诚度，从而实现持续盈利。但在一个快速变化的商业环境中，单纯依赖已有的专业化优势往往难以支撑长远的发展。市场的需求与口味如同流水，总是在不断地变化。如果仅仅停留在原有的专业化领域，不去拓展和创新，那么很可能被新的市场趋势和竞争者所取代。

与此同时，为了迎合广大的消费者和应对激烈的市场竞争，规模化生产开始成为一个迫切的需求。规模化可以带来成本的降低，提高生产的效益。但这也可能意味着对于个别细分市场的忽视，因为在规模化的生产过程中，很难对每一个细节进行精细打磨。因此，如何在专业化与规模化之间找到平衡点，是鲁西淘宝村需要深入思考的问题。这不仅仅是一个生产和经营的问题，更是关乎鲁西淘宝村如何在未来的市场竞争中保持其领先地位的战略问题。为了解决这一问题，鲁西淘宝村需要做到以下几点：一是持续进行市场研究，深入了解消费者的需求变化，确保其专业化生产始终紧密贴合市场的实际需求；二是在扩大生产规模的同时，建立严格的质量控制体系，确保每一件产品都能达到高品质的标准；三是不断地进行技术和管理的创新，确保在扩大规模的过程中，仍然能够保持对细分市场的敏感和快速响应能力。

三、实体市场的竞争与维护

(一) 实体市场与电子市场的双重竞争

在这个数字化的时代,电子商务以其独特的优势,如方便快捷、海量选择等,迅速崭露头角。鲁西淘宝村的"淘宝一条街"就位于这样一个转折点上,其试图在实体与电商之间找到一种平衡,从而获得更大的市场份额。然而,这种模式也带来了前所未有的竞争压力。与其他纯粹的实体市场相比,鲁西淘宝村所面临的挑战更为复杂。因为它既要考虑如何在实体市场上吸引客户,又要考虑如何在电商领域保持竞争力。

在实体市场上,鲁西淘宝村需要不断地创新和完善,如提供更多的便利服务、举办各种促销活动、保证商品质量和价格等,以吸引和留住消费者。同时,它要关注其他实体市场的动态,确保自己始终处于有利的竞争位置。而在电商领域,鲁西淘宝村要面对一个更加激烈的竞争环境。因为与实体市场相比,电商的入门门槛更低,竞争者更多。为了在这个领域保持领先,鲁西淘宝村需要不断地更新技术、完善服务、丰富商品种类、调整价格策略等。这种双重的竞争压力增加了鲁西淘宝村的运营难度。但同时,它为鲁西淘宝村提供了一个难得的机会:通过这种双重模式,鲁西淘宝村既能满足那些喜欢线下购物体验的消费者,又能满足那些追求便利和快捷的电商用户。为了抓住这一机会,鲁西淘宝村需要在策略、技术和服务上保持领先。在策略上,它需要有一个明确的市场定位,确保自己在实体与电商两个领域有足够的竞争力。在技术上,它需要不断地更新和完善,确保在电商领域始终处于领先地位。在服务上,它需要保证消费者无论是在线上还是线下都能获得最佳的购物体验。

(二) 租金与市场规则的调整

随着电子商务的迅猛发展,实体市场被放在了风口浪尖。鲁西淘宝村的"淘宝一条街"成了一个尝试,希望在实体与电商之间找到新的出路。但同时,这使得"淘宝一条街"必须面对双重的竞争。如何在这样的竞争环境下，确保实体市场的吸引力和活力，成了每个市场管理者所面临的挑战。对于许多实体市场商户来说，租金往往是他们最大的经营成本。在这样的背景下，如何确保租金和其他费用保持在一个合理的水平，成了市场管理者的首要任务。但是，这并不意味着简单地降低租金就能解决问题。市场管理者需要在确保商户的盈利空间和维持整个市场的运营和升级之间找到一个平衡。

除了租金，市场的其他规则同样重要。随着电商的发展，新的经营模式和技术不断涌现，这要求市场规则及时调整。例如，随着移动支付的普及，市场需要引入新的支付方式，以便为消费者提供更多的便利。此外，为了保证消费者的权益，市场还需要加强对商品质量的监管，确保每一个在市场上销售的商品都能达到一定的标准。但同时，市场规则的调整不能过于频繁，否则可能给商户带来困扰。因此，市场管理者需要与商户保持良好的沟通，确保每一个规则的调整都能得到商户的支持。

（三）维护市场形象

在电子商务的浪潮下，鲁西淘宝村以其独特的商业模式脱颖而出。作为一个线上线下结合的商业中心，它既具有实体市场的真实触感，又拥有电商的便利性。这种结合使鲁西淘宝村成为一个商业创新的典范。与此同时，如何维护这一独特的商业模式并确保其长久的竞争力，成为一个严峻的挑战。

鲁西淘宝村的成功不仅仅是因为它的商业模式，还在于它已经建立的品牌形象。在消费者心中，鲁西淘宝村代表了专业、质量。这种品牌形象是通过多年的经营活动和不断的品质保障逐步建立起来的。

但要维持这样的品牌形象并不容易。市场内的每一家商户的行为都可能影响整个市场的形象。因此，对市场内的经营活动进行规范和监管尤为重要。任何形式的违规行为，无论大小，都可能对市场的品牌形象造成伤害。同时，确保商户的服务质量和产品质量同样重要。只有当消费者在市场内能够获得满意的购物体验时，市场的长久竞争力才能得到

第五章 鲁西崛起背景下"淘宝村"发展的新挑战

保障。除了内部管理,鲁西淘宝村还需要加强对外的宣传和品牌建设。随着竞争的加剧,单纯依赖原有的客户流量已经不足以支撑市场的发展,鲁西"淘宝村"还需要通过各种手段,如广告、活动和合作等,来吸引更多的消费者。而在这样的宣传活动中,强化鲁西淘宝村作为一个专业市场的地位尤为重要。为了达到这一目标,鲁西淘宝村可以与其他的专业机构合作,共同举办各种活动,如行业展览、论坛和研讨会等。通过这些活动,鲁西"淘宝村"不仅可以提高市场的知名度,还可以增强其在行业内的地位。

(四)应对外部变革

在今天的商业环境中,鲁西淘宝村作为一个独特的商业模式,既融合了实体市场的触感与交互,又与电商平台产生了协同效应。然而,伴随着技术进步和消费者习惯的变化,如何应对外部环境的不断变化,保持其在市场中的竞争优势,是它面临的巨大挑战。技术和消费习惯的变化,如潮水般,时刻冲击着每一个企业。新的支付方式,如数字货币和非接触式支付技术,使消费者在付款时更加便捷;新的物流模式,如无人机配送和自动化仓储,也正在改变着商品从卖家到买家的流通方式。面对这样的变革,鲁西淘宝村的应对方式(图5-1)决定了它在未来市场中的地位。

图5-1 鲁西淘宝村电商物流模式

快速应对变革的能力，要求鲁西淘宝村在多方面做好准备。首要的是，对于新技术和新趋势，鲁西"淘宝村"要持续保持警觉和敏感，确保在第一时间获知并评估其可能带来的影响。例如，对于新的支付方式，鲁西淘宝村需要评估其在当前市场中的接受度，以及它可能给商户和消费者带来的便利。同时，对于那些已经被证明有潜力的技术，鲁西淘宝村需要尽快进行尝试和应用，确保在变革中不被其他市场超越。除了技术的变革，消费习惯的变化也是鲁西淘宝村需要关注的重要方面。消费者对于商品的需求和期望，以及他们购物的习惯，可能随时发生变化。这就要求鲁西淘宝村不仅要了解消费者的当前需求，还要对其未来的变化保持高度的关注。只有这样，鲁西淘宝村才能够为消费者提供他们真正想要的商品和服务。

四、拓展外部市场的挑战

（一）文化差异

在经济全球化的今天，鲁西淘宝村站在一个新的历史节点上，那就是跨越国界，走向国际市场。然而，这条路并不是平坦的，充满了挑战。面对这些挑战，鲁西淘宝村需要不断地进行自我调整和改进，确保其产品和服务符合国际市场的要求。文化，作为一个国家或地区的集体记忆，影响着每一个人的日常生活和决策。每当走进一个新的市场，人们都要面对一个完全不同的地域文化。这对于鲁西淘宝村来说，无疑是一个巨大的挑战。

文化差异不仅仅体现在语言和饮食习惯上，还影响着人们的价值观和消费观。例如，在西方国家，人们更加重视个性和创意，而在东方国家，人们更加看重传统和和谐。对于鲁西淘宝村的商户来说，如何把握这些文化差异，提供合适的商品和服务，是进入国际市场的关键。

（二）政策环境

对于鲁西淘宝村的商家而言，进入国外市场意味着需要熟悉和遵守另一套规则。这包括但不限于进口税、增值税、消费税、商品检查、认证标准等。而每一个环节中的一个细节做不好就可能导致商品被扣留、罚款或其他不利后果。除此之外，关税也是一个重要因素。同一类商品在不同的国家可能有着不同的关税率。对于商家来说，这直接关系到商品的成本和定价策略。然而，这样的政策不仅仅是挑战，也为商家提供了机会。通过深入研究目标市场的法律法规，商家可以更好地调整自己的策略，找到市场的空白点，为自己创造更大的市场优势。

（三）配送问题

物流一直是电商的核心竞争力之一，尤其是跨境电商。对于鲁西淘宝村来说，这一领域无疑是其发展的关键所在，但也是充满挑战的。不同于国内电商的快递配送，跨境电商物流面临的是更加复杂的环境。

首先，需要处理各种出口手续和证书，包括商品检查、关税、税务等。每一个环节都可能出现问题，导致货物被扣留或延迟。对于消费者而言，他们更倾向于选择快速、安全的配送方式，即便需要支付更高的费用。因此，如何确保货物的安全，如何选择合适的运输方式，如何与多家物流公司建立合作，这些都是鲁西淘宝村需要考虑的问题。

其次，配送时间也是一个关键因素。对于许多消费者来说，他们可以接受稍微高一点的价格，但不能接受过长的配送时间。因此，如何缩短配送时间，如何优化物流体系，如何选择合适的仓储地点，都是鲁西淘宝村需要解决的问题。

再次，退货也是一个棘手的问题。与国内电商不同，跨境电商的退货成本相对较高，而且流程更为复杂。如何处理退货，如何降低退货率，如何提供更好的售后服务，都是鲁西淘宝村需要考虑的问题。

（四）国际竞争

面对国际市场的激烈竞争，鲁西淘宝村如何突围而出，取得一席之地？创新是关键。无论是产品、服务还是商业模式，都需要不断创新，以满足不同市场的需求。鲁西淘宝村需要深入了解国际市场的特点和需求,为顾客提供更有竞争力的产品和服务。合作也非常重要。与国际伙伴建立稳固的合作关系,可以快速了解并适应当地市场,同时获取更多的资源和机会。通过合作,鲁西淘宝村可以更快地进入新的市场,与更多的国际竞争者展开合作,共同探索新的机会。但所有这些都需要时间、资金和人力的投入。为了在国际竞争中占据优势,鲁西淘宝村需要一个清晰的战略蓝图,并持续地进行投资和创新。

第二节 "互联网下乡"与社会转型

一、技术普及与应用

(一)技能培训需求增加

在当前的时代背景下,技术进步和信息化发展日新月异,互联网经济成为推动社会发展的重要力量。在这样的大环境下,技能培训不仅是提升个体竞争力的必要手段,也是促进社会整体进步和经济增长的关键。特别是对于农村地区和"淘宝村"这样的电商集群而言,增加技能培训尤为重要。电商平台为农村产品开辟了广阔的市场,使得农村经济发展模式发生了根本性转变。然而,这种转变同时伴随着新的挑战。村民要想在电商领域获得成功,不仅需要传统的农业生产技能,更需要掌握电商运营、网络营销、数据分析等现代信息技术技能。因此,增加技能培训,尤其是针对电商和互联网技术的培训,成为提升村民综合能力、促进农村经济发展的关键。随着经济全球化和市场竞争的加剧,产品的市场竞争不再仅仅局限于价格和质量,更多的是服务、品牌和创新能力的竞争。这就要求村民不仅要生产出优质的产品,还要有效地进行市场定位、品牌建设和创新开发。这些都需要通过系统的技能培训来实现。

（二）数字鸿沟

在当前的时代背景下，数字化转型已成为全球性趋势，影响着社会各个层面的发展。这一进程带来了新的挑战，尤其是在鲁西地区的"淘宝村"等乡村社区中，数字鸿沟问题日益凸显。互联网下乡的进程虽然为乡村带来了前所未有的发展机遇，也加剧了不同年龄段人群在数字技能上的差异。随着电商的兴起和互联网技术的普及，年青一代通过掌握新技术，迅速拓宽了自己的经济来源和社会联系，而老一辈人由于受到传统教育和生活方式的影响，对新兴的互联网技术接受和使用能力较弱。这不仅仅是因为老年人，他们在学习新技术时面临更大的困难。

（三）基础设施建设

在当前经济全球化和数字化加速的时代背景下，基础设施建设成为乡村发展面临的一个重要挑战，鲁西地区的"淘宝村"这样的电商经济体也不例外。随着电子商务的蓬勃发展，互联网不仅改变了人们的生活方式，也为乡村经济的转型和升级提供了新的动力。然而，这种转型并非无门槛，基础设施的完善程度直接影响乡村能否充分利用互联网经济带来的机遇。互联网经济的本质要求是信息的快速流通和资源的有效配置，而这一切的前提是有稳定快速的网络连接。若存在网络覆盖不全、宽带速度慢等情况，不仅会影响了村民的日常生活，还会在一定程度上限制电商等新兴业态的发展空间。

二、经济模式转型

（一）从传统到电商的转变

在当前经济全球化和数字化加速发展的大环境下，互联网经济已成为推动经济增长的重要力量。鲁西地区的"淘宝村"正处在这样的时代背景之中，面临从传统经营模式向电子商务转型的新挑战。这一转变不仅关乎经济活动的形态，更深刻地影响着村民的思维方式、生活习惯。

电商经济要求高度的信息化和网络化，这对于习惯了传统农业经营和小规模手工业的村民来说，是一个不小的挑战。他们需要学习使用互联网工具，在电商平台上展示和销售产品，以及利用数字营销策略吸引消费者。这不仅是技能上的学习，更是对传统经营思维的一次革新。电商的兴起对产品品质和服务提出了更高的要求，消费者对产品的质量、设计、包装以及售后服务有了较实体市场更高的期待。这就要求"淘宝村"的村民不仅要改善产品质量，还要学会在线上展示产品的独特性，以及通过优质服务建立和维护与顾客的关系。同时，随着外来人才的引入和新技术的应用，村落的社会结构和文化环境也在悄然发生变化。如何在保持乡村特色和传统文化的同时，接纳和融入新的经济活动和社会形态，是"淘宝村"在转型过程中需要深思的问题。

（二）市场竞争加剧

在经济全球化和互联网经济的背景下，市场竞争的加剧已成为不可避免的趋势，对于鲁西"淘宝村"而言，这既是一次全新的挑战，也是一次深刻的转型机会。因此，仅依靠传统的经营模式和产品是难以满足市场需求的。"淘宝村"的村民需要不断提升产品和服务质量，注重品牌建设，通过差异化竞争脱颖而出。这不仅涉及产品的创新和升级，还包括服务体验的优化，以满足消费者日益增长的需求。尤其在信息流动加速的今天，消费者需求、市场趋势、竞争对手的策略等都在不断变化，村民需要借助大数据、云计算等现代信息技术，实时掌握市场动态，精准定位目标消费群体，快速做出反应。所以，市场竞争的加剧对"淘宝村"来说是一场全方位的考验，它要求村民不仅要提升自身的竞争力，还要不断创新和学习，适应市场的变化，借助现代信息技术，提高自身的市场响应速度和服务质量，从而在竞争中求生存、求发展。

（三）产业升级压力

随着消费市场的不断变化和消费者需求的日趋多样化，仅靠传统的农产品和手工艺品已难以满足市场需求，急需通过产业升级来提高产品附加值，增强市场竞争力。在这一背景下，产业升级成为"淘宝村"发展的必然选择。因为"淘宝村"只有发展具有独特竞争优势的特色产业和品牌，实现产业升级，才能使"淘宝村"的产品在众多竞争者中脱颖而出，吸引更多的消费者。可以说，探索新的产业模式，开发新产品，已成为"淘宝村"不可回避的任务。这就要求"淘宝村"不仅要在产品数量上满足市场需求，更要在产品质量和创新性上下功夫，通过产业升级，引入新技术、新材料、新工艺，不断优化产品结构，提升产品品质，以适应互联网经济的特点，满足消费者的高端需求，实现村庄的长期稳定发展。

三、社会文化适应

（一）传统文化与现代价值观的融合

传统文化与现代价值观的融合是鲁西"淘宝村"发展面临的挑战之一。这一挑战不仅关乎村庄文化的传承与保护，也关系到如何在快速变化的社会中寻找到自身的定位和发展方向。随着互联网技术的普及和电商经济的蓬勃发展，鲁西"淘宝村"作为农村电商的典型代表，已经成为连接传统农村与现代电商经济的重要桥梁。在这一过程中，如何在快速发展的同时保留村庄独有的传统文化，同时吸收和融合现代价值观念和生活方式，成为一项重要任务。许多"淘宝村"依托当地独特的手工艺、农产品等传统资源，形成了特色鲜明的电商产品。但如何在产品设计、包装和推广过程中展现传统文化的独特魅力，同时符合现代消费者的审美和价值观是一大挑战。这就要求"淘宝村"在发展过程中，不仅要注重经济效益的提升，也要重视社会责任和可持续发展等现代商业价值观的实践。

（二）社区凝聚力的挑战

在数字经济快速发展的时代背景下，鲁西"淘宝村"作为电商发展的一个典型案例，正面临社区凝聚力的挑战。社区凝聚力是指集体或某一社会共同体内部各成员因共同的利益和价值目标结为一个有机整体的某种聚合力,它是社区稳定、和谐发展的重要基础。然而,随着电商经济的兴起和个体化趋势的加剧,社区凝聚力的维持和增强面临诸多挑战。在电商模式下,个体经营成为一种普遍现象,村民更多地通过网络平台进行商品交易,这种变化虽然提高了经济效益,但也在一定程度上减少了面对面交流和集体活动,进而影响到社区内部的紧密联系和凝聚力。另外,电商经济的发展还带来了不同经济收入水平的分化,在一定程度上影响着社区成员之间的和谐关系。在这种背景下,一些村民可能感到被边缘化或者与社区脱节,这并不利于社区整体的团结和发展。

(三)生活方式的改变

互联网不仅改变了村民的工作方式,也重新塑造了他们的生活习惯和消费模式,这些改变对于鲁西"淘宝村"而言,既是一种机遇,又构成了新的挑战。互联网带来的信息化和网络化特征,让"淘宝村"的村民能够接触更广阔的世界,他们的生活观念、消费观念开始发生变化,更加重视生活品质,追求更高的消费水平,同时对于生活服务的需求日益增加。这些改变意味着村民需要在日常生活中更多地利用互联网工具。例如,通过网络进行购物、支付、学习、娱乐等活动已成为常态。这不仅要求村民掌握必要的网络技能,也需要"淘宝村"为其提供足够的网络基础设施支持。另外,消费模式的改变也对"淘宝村"的商业模式提出了挑战,随着电商的普及,村民不再局限于传统的销售渠道和产品,他们开始寻求更多样化、个性化的商品和服务。这要求村民不仅要提升自己的产品质量,还需要不断创新,以满足市场的多样化需求。

第三节 "淘宝村"的国际化发展

一、多方利益共赢

(一)文化差异和本地化策略

随着国际贸易的不断扩大和电子商务的迅猛发展,越来越多的中国乡村通过电商平台走向世界,面对全球消费者。这一过程中,"淘宝村"必须认识到文化差异的存在,并采取有效的本地化策略,以确保产品和服务能够被不同文化背景的国际消费者接受和喜爱。因为国际市场的文化多样性要求"淘宝村"必须了解和尊重不同国家和地区的消费者的文化习俗、消费习惯和审美偏好。不同文化背景的消费者在购买行为、产品选择和价值观上存在显著差异。例如,颜色的文化寓意在不同国家大相径庭,红色在中国象征着喜庆和幸运,而在其他一些国家可能代表危险或禁止。因此,理解这些文化差异,对于定位产品市场、设计包装和制定营销策略至关重要。而且本地化产品设计是"淘宝村"成功拓展国际市场的关键,只有当产品和服务能够贴近目标市场的文化喜好和需求时,才能获得消费者的认可和青睐。这不仅包括对产品本身的本地化设计,还涉及产品说明、广告语言和客户服务等方面的本地化调整。对产品进行本地化设计,不仅可以提高产品的市场竞争力,还可以避免可能的文化冲突,提升品牌形象。需要注意的是,跨文化沟通能力的提升对"淘宝村"来说至关重要,有效的跨文化沟通可以帮助"淘宝村"更好地理解国际客户的需求,建立信任和长期合作关系。在国际市场中,沟通不仅限于语言的交流,更包括非言语沟通、商业礼仪和文化敏感性等方面。加强跨文化沟通培训,不仅有助于减少因文化差异导致的误解和冲突,还能促进国际业务的顺利进行。所以,落实好以上工作成为鲁西"淘宝村"在未来发展道路中,实现国际化发展所必须面对的挑战之一。

(二)技术适应与创新

在数字化加速发展的大环境下,鲁西"淘宝村"的发展面临一系列的机遇和挑战,其中技术适应与创新成为其在国际化道路上不可回避的关键因素。对于深耕于中国乡村的"淘宝村"来说,如何适应国际电商平台的技术要求、采用有效的数字营销策略以及进行持续的技术创新与产品升级,是其实现国际化发展的关键。

首当其冲的是适应国际电商平台的运营规则和技术要求。不同于国内电商环境,国际平台如亚马逊、eBay等拥有自己独特的运营规则、支付系统和物流需求。这不仅要求"淘宝村"的商家必须了解和掌握这些平台的具体要求,还要适应其技术标准,确保产品能够顺利上架和销售。此外,国际电商平台对于商品描述、客户服务以及售后支持等方面有着不同的要求,这对于"淘宝村"的商家来说,既是挑战又是提升自身国际竞争力的机会。综合来看,多元化的数字营销策略对于提升"淘宝村"在国际市场的可见度至关重要,因为在数字化时代背景下,利用社交媒体、搜索引擎优化(SEO)和内容营销等手段,可以有效增加品牌和产品的国际曝光率。然而,不同国家和地区的消费者在信息获取渠道和习惯上存在差异,如何根据目标市场的特点制定合适的数字营销策略,成为"淘宝村"面临的一大挑战。

(三)法律法规与市场准入

在国际贸易日益频繁的大环境下,鲁西"淘宝村"正在朝着国际化方向发展。在这一过程中,法律法规与市场准入成为其面临的重大挑战之一。随着国际市场的接入,"淘宝村"不仅可以扩大销售范围、提高品牌知名度,也必须面对复杂多变的国际贸易环境和规则。其间,遵守国际贸易规则是"淘宝村"国际化发展的基础。不同国家和地区都有自己独特的进出口法律法规、知识产权保护措施以及税务和海关要求。对于"淘宝村"的商家而言,深入了解并严格遵守这些国际规定是实现其产品顺利进入国际市场的前提。若忽视这些规定,可能导致产品被拒之门外或面临重罚,严重影响自身的国际化进程。而且应对贸易壁垒是"淘宝村"拓展国际市场必须克服的难题,在国际贸易中,贸易壁垒如反倾销调查、进口配额限制等经常被作为保护本国产业的手段。这些壁垒不仅增加了进入新市场的成本和复杂度,还可能限制或完全阻止"淘宝村"产品的进口。因此,"淘宝村"需要积极采取策略,如通过法律咨询、政策研究等方式,寻找有效的应对方法,以确保产品顺利进入目标市场。

二、国际化的管理与运营

(一)无缝接入全球市场

在经济全球化的大背景下,任何想要获得成功的企业或集群都不能忽视技术的力量。技术不仅是连接全球市场的桥梁,更是优化管理、提高效率、实现创新的重要工具。淘宝村走向国际化,对现代技术的依赖成为必然。

多媒体技术的运用使得"淘宝村"对产品的展示变得更加生动、直观。对于消费者而言,这不仅为他们提供了更为丰富的购物体验,更有助于增强他们对产品的认知和信任。尤其是在国际市场,文化和语言的差异常常成为交流的障碍。而多媒体技术,如视频、动画、3D模型等,可以跨越这些障碍,使消费者能够更直接、更深入地了解产品。然而,这类技术的应用并不是一帆风顺的。淘宝村在国际化的道路上还面临许多挑战。如何确保在线服务的稳定性和安全性?如何对接不同国家的支付系统和物流服务?如何处理因时差造成的沟通问题?如何在不同的文化和法规背景下,保证服务的合规性?这些问题都需要淘宝村给出明确、有效的答案。解决了这些问题,"淘宝村"的产品才能无缝接入全球市场,并在这样的环境中保持竞争力，避免被更先进的技术和竞争者所替代。

（二）优化供应链

一个高效、灵活的供应链可以确保产品在短时间内从生产线到达消费者手中，满足全球消费者的需求。对于淘宝村而言，如何优化供应链，实现物流的高效管理，是关键议题。现代管理技术和计算技术为人们提供了一个全新的视角，不再是简单地看待生产和销售两个环节，而是要全面地审视从原材料采购、生产、库存管理、物流、销售到售后服务的每一个环节。通过数据分析、模拟和预测，淘宝村可以找到供应链中的不足，进行相应的优化。例如，通过对销售数据的分析，淘宝村可以预测未来的销售趋势，调整生产计划，确保产品能够及时地满足市场需求。又如，通过对物流数据的实时监控，淘宝村可以实时地了解货物的位置、状态和预计到达时间，及时地调整物流策略，确保商品准时、安全地到达消费者手中。

（三）建立信任

在如今这个信息爆炸的时代，信任尤为珍贵。尤其是在国际市场上，由于地理、文化和法规的差异，消费者很难对远在千里之外的商品有完全的信任。因此，如何建立这种信任，确保商品的质量和安全性，成了淘宝村面临的重要议题。区块链作为一种分布式账本技术，可以为淘宝村提供一个透明、不可篡改的数据存储和交换平台。每一个商品从生产、加工、物流到销售的每一个环节都被记录在区块链上。消费者可以通过扫描商品上的二维码，查看商品的完整来源和流转信息。这不仅可以增强消费者的信心，还可以为淘宝村赢得更好的口碑和更大的市场份额。

但这也给"淘宝村"的发展带来了挑战。如何确保记录在区块链上的数据真实、准确？如何保护商家和供应商的商业秘密和隐私？如何确保区块链的技术安全和稳定？这些都是淘宝村在使用区块链时需要考虑的问题。此外，对商家的认证监管也是建立信任的重要环节。淘宝村可以利用现代技术，如人工智能和大数据，实现对商家的自动审核和评估。

通过对商家的经营历史、财务状况、客户评价等数据的分析，淘宝村可以对商家进行分类和评级，为消费者提供更加可靠的购物建议，还可以促使商家持续地提高自己的经营水平和服务质量。对于鲁西淘宝村的发展而言，这种认证监管也面临挑战，如何确保数据的客观性和公正性？如何确保评估的公正性和客观性？如何确保商家的权益不被侵犯？这些都是淘宝村在进行认证监管时需要考虑的问题。

（四）更新产品

当谈到产品的全球化定位时，淘宝村面临的任务是确保其提供的商品不仅能满足国内市场，更可以满足不同国家和地区的需求。以食品为例，食品的安全、口感、包装和营养需求在不同的国家可能有所不同。一种在国内非常受欢迎的食品，可能在其他国家由于口味、食材或文化因素而不被接受。要使产品真正达到国际化，淘宝村仅仅了解目标市场的食品安全标准是远远不够的，还要考虑如何将产品融入目标市场，成为消费者日常生活的一部分。

除了食品，服装、家居、电子产品等领域也有类似问题。例如，服装的设计、颜色、尺寸，甚至标签上的信息，都需要考虑目标市场的文化和消费习惯。

（五）参加国际化培训

市场是不断变化的，特别是在如此复杂和多变的国际环境下。任何新的消费趋势、科学技术、政策法规的变化都可能对商家的经营策略产生深远的影响。而要在这种环境中保持竞争力，商家要时刻保持警觉，对新的信息和变化保持敏感。

持续的国际化培训可以确保淘宝村的商家始终处于最前沿的市场位置。通过系统的培训，商家可以更好地了解国际市场的运作机制，更深入地挖掘消费者的需求，从而更好地为其提供服务。同时，培训可以帮助商家提高自己的业务能力。然而，持续的国际化培训也是一个巨大的挑战。首先，这需要投入大量的时间和资源。商家需要花费时间参加培训，这意味着他们需要暂时放下手头的工作，这对于一些小型商家来说可能是一个很大的压力。同时，培训需要投入资金，包括培训费用、资料费用以及其他相关费用。需要注意的是，培训的效果也并不是立竿见影的。商家可能需要经过一段时间的实践，才能真正将所学应用到实际的业务中。这也意味着商家需要有足够的耐心和毅力，持续不断地学习和实践，如此才能真正提高自己的业务能力。但不可否认，持续的国际化培训是淘宝村与国际市场接轨的重要手段。只有不断地学习和进步，淘宝村的商家才能在国际市场站稳脚跟，与全球的竞争对手一较高下。为了应对这些挑战，淘宝村需要建立一个完善的培训体系，包括制订培训计划、选择合适的培训内容和方法、评估培训效果等。同时，商家要主动参与培训，看到学习的价值，确保培训的效果最大化。

（六）持续的品牌维护

品牌形象是消费者对一个品牌的总体印象。一个强大的品牌形象可以为产品带来巨大的价值。它可以增强消费者的忠诚度，提高其购买意愿，并为产品赢得市场份额。对于淘宝村的商家来说，建立国际品牌形象要考虑不同国家和地区的文化、价值观和消费习惯。这需要商家进行大量的市场研究，找到与目标市场相匹配的品牌定位，并制定相应的市场策略。不过，持续的品牌维护与创新同样至关重要。品牌并不是一旦建立就可以长久存在的。随着时间的推移、市场的变化，品牌形象可能受到损害。因此，淘宝村的商家需要持续收集和分析消费者的反馈，确保品牌形象与市场需求一致。同时，面对全球市场的快速变化，商家要保持警觉，时刻准备对策略进行调整。

第四节 "淘宝村"发展的驱动条件

一、创业草根：企业家精神与自组织性

低廉的创业成本为农村电商的兴起提供了土壤，农民网商面对的试错成本和机会成本，与城市的实体店创业者相比，有着显著的优势。乡村的生活和生产成本较低，为网商提供了宽松的创业环境和时间，使其能够耐心地培育市场，逐渐积累客户基础。农村地区的商业氛围和返乡创业的人员增多，为"淘宝村"的快速发展奠定了基础。这些地区通常拥有较强的经商传统，返乡人员利用自身的资源和网络，快速激发起家乡的商业活力。通过有效地利用家乡的人力资源和物力资源，这些创业者为"淘宝村"的成长提供了强大的动力。随着时间的推移，农村电子商务的成功案例不断涌现，越来越多的农民加入网商的行列，"淘宝村"的模式也逐渐成为推动乡村经济发展的重要力量。这些网商通过电子商务平台将农产品直接销售给消费者，不仅为自己带来了收益，也推动了当地农产品的品牌化和市场化，极大地促进了农村经济的多元化和现代化。"淘宝村"的形成和扩散，体现了互联网时代下，信息技术与传统农业结合的巨大潜力。这不仅改变了农民的生活方式，提升了他们的经济水平，也为农村地区的社会经济发展开辟了新路径。

在探讨"淘宝村"等产业集群的形成过程中，明显地体现了创业者的个人特质在其中所扮演的关键角色。初始阶段的成功，很大程度上取决于个体的知识技能、经历以及商业洞察力。正如经济学家克鲁格曼所

强调的,许多产业集群的起源,本质上可以追溯到一系列偶然事件的触发。这些事件虽然偶然,但背后反映了创业者身上独有的企业家精神,这种精神被经济发展理论视为推动经济增长的关键生产要素。企业家精神的体现,在于个体展现出的创新精神和愿意承担风险的勇气。这些拥有冒险精神的创业者,利用农村相对较低的生活成本,通过不懈的尝试和错误修正,逐步寻找到适合成长的空间。他们的成功,不仅为自己带来了丰厚的回报,同时吸引了周围人群的注意,促使整个产业实现了快速增长。这种模式的一个关键特征是,成功的创业者通过自身的努力和创新,创建了一种可复制的成功模板。他们的成功故事引发了更广泛的社会效应。周围的村民开始效仿这些先行者,采取类似的商业模式和战略,从而致使产业集群的快速扩张和成长。在此过程中,创业者的个人经验和技能转化为社区范围内的集体财富。通过模仿和学习,更多的人加入这一创新和创业的浪潮中,共同推动了地区经济的发展[①]。这不仅证明了企业家精神在促进经济增长中的重要作用,也展示了个体努力如何在合适的环境下,触发整个社区或产业的转型和升级。

在乡村地区,社会关系网的稳定性和封闭性为创业信息及隐性知识的传播创造了独特的条件。在这样的环境下,信息传递的阻碍显著降低,主要因为村内以及邻近村落的居民之间存在密切的血缘和亲缘联系。这种基于家族和友情的联系,在很大程度上建立了一种非正式的信任机制,促进了信息和知识的自由流动。在农村社会中,这样的信任网络发挥了极为关键的作用。一旦有创业者获得成功,他们的经验和知识便能够通过这个信任网络迅速传播。由于共享的社会背景和文化价值观,村民倾向于相信并模仿他们认识和信任的人的成功路径。因此,这种基于血缘、亲缘和友缘关系的网络,有效地降低了创业的社会成本和经济成本,尤

---

① 庄子银.企业家精神、持续技术创新和长期经济增长的微观机制[J].世界经济,2005(12):32-43,80.

其是在创业初期。这一网络的自组织特性对于促进乡村地区的经济活动尤为重要。一旦有人成功地开辟了创业之路，这条路便迅速被村内外的其他居民所知晓。成功的例子像是点燃了一把火，激发了更多人的创业激情。这种从一到十、从十到百的扩散效应，在很短的时间内极大地降低了整个社区的创业门槛，使得更多的人愿意并能够参与到创业的行列中来。

农村电子商务的兴起标志着中国农村地区经济模式的重大转变，特别是对于那些外出务工人员而言，这一变化不仅提供了返乡创业的机会，还为乡村经济的复兴注入了新的活力。以山东曹县为突出例证，自2013年起，当地便见证了超过1.5万人选择返乡创业，其中大集镇就吸引了5000多名曾外出务工的农民和近200名大学生回归乡村，开启了自己的创业旅程。这群返乡创业者以35岁以下的年轻人为主，他们占到了当地企业经营者的80%。这一趋势不仅体现了年青一代对农村电商潜力的认可，也展示了他们愿意为家乡经济的发展做出贡献的决心。返乡创业者为乡村地区带来了资金、技术以及新的经营管理理念，这些都是促进农村经济发展的关键要素。他们利用在城市中积累的知识和经验，有效地打通了城乡之间的生产要素流通，改变了乡村长期以来面临的资金和人才外流问题。这一现象不仅提升了当地的经济状况，还为其他农民展示了通过电子商务实现自我提升和财富增长的可能性。"淘宝村"的初步发展得益于两大核心因素：创业者的企业家精神和农村社会网络的自组织性。企业家精神激发了人们对新事物的探索和尝试，促使他们勇于面对挑战和不确定性。这种精神不仅推动了个体创业者的成功，也成为激励更多人返乡创业的动力。农村社会网络的自组织性则为这些创业活动提供了一个强有力的支持系统。基于血缘、地缘和业缘的关系网络，为返乡创业者提供了信任的基础，促进了资源的共享和信息的快速传递。这样的社会结构不仅降低了创业风险，还加速了成功经验的复制和扩散。随着越来越多的人选择返乡创业，农村地区的生产力和创新能力得到了显著提升。这不仅使得农村地区能够更好地参与到国家经济发展中来，也为农村社会的可持续发展提供了坚实的基础。农村电子商务的发展，特别是"淘宝村"的兴起，是农村现代化进程中的一个亮点，它展示了如何通过激发企业家精神和利用社会网络的自组织性，实现农村经济的转型和升级。

二、主营产品：产业基础与模仿创新

在现今这个互联网技术日益成熟的时代，电子商务平台的辐射能力与物流配送体系的完善大大减少了实体空间对产品流通的阻碍。这一变化使得产品的发布、搜索和获取变得更为高效，因此挖掘既适合本地生产又在外部市场具备独特竞争优势的产品类型尤为关键。初始的草根创业者成功发掘并推广这样的产品后，往往能够快速积累财富，成为成功典范。在乡村地区，这样的成功故事极易吸引公众注意，进而激发更多村民效仿。然而，如果这些产品在本地难以采购或生产，或者其生产过程超出了普通农户的能力范围，那么这种模式就难以在当地得到广泛的推广和应用。观察全国范围内的"淘宝村"发展情况，可以看到那些拥有较为坚实制造业基础的地区，依托当地的传统专业市场和相应的配套设施集聚地，将产品销售渠道从传统的实体店转移到了互联网。这一策略有效地推动了农村电商产业的发展。例如，某些商城就是以个人型商业综合体的形式出现，包括商业街铺、批发商城、综合商务大楼、商业广场、商务酒店等多种业态。同时，这些地方设有物流中心、检测中心、汽车客运站及派出所等设施，为电子商务的发展提供了非常适宜的物质环境。这种依托本地产业优势和配套设施的发展模式，不仅有助于本地产品开拓更广阔的市场，还能够吸引更多的返乡创业者投身于电商行业。通过将传统产业与互联网经济相结合，这些地区成功转型升级，为农村电商的蓬勃发展提供了典范。

电子商务的兴起为传统商业模式带来了颠覆性的变化，尤其是在商城运营和产品销售领域。这种变化不仅影响了商业空间的物理布局，更重要的是，它为中小企业提供了成长和创新的新平台。在这一过程中，电商产业园的概念逐渐成形，成为促进地方经济发展的关键力量。例如，原本专注于服装批发的商城楼层，如今已经转型为综合性的电子商务产业园。这些产业园不仅包含创业和培训空间，还致力展示产业升级。通过启动华美电商企业孵化器、电子商务园和三国淘宝培训等项目，这些平台为中小网商的成长提供了必要的资源和指导，从而加速了"淘宝村"等电商集聚地的形成和发展。

三、基础设施：叠加支撑与线上赋能

"淘宝村"的飞速发展，既得益于中国在基础设施方面的持续投资与改善，也归功于互联网技术的突飞猛进。近几年，中国大力加强农村地区的基础建设，特别是在交通和通信设施方面的投资显著增加，这些改进显著提高了人流和物流的效率，为农村电商的兴起提供了必要的硬件支撑。互联网技术的发展，特别是电子商务的广泛应用，为农村地区带来了革命性的变化。通过互联网，乡村可以直接接入全国乃至全球的市场，实现了商品和服务的在线交易。这种技术创新大大拓宽了农村地区的经济活动范围，使其能够突破地理和交通限制，与外界市场进行直接的连接和交流。"淘宝村"的出现，正是这种基础设施建设和互联网技术革新相结合的产物。在这种新环境下，农村地区不再仅仅依赖传统的农业生产，而是能够利用电子商务平台，进行更为多样化的经济活动。这不仅为农村居民提供了新的收入来源，也促进了乡村经济的转型和升级。通过电子商务，乡村地区的制造商和商家能够直接面对广阔的市场，不受传统分销渠道的限制，能够更快地响应市场需求变化，提高产品的竞争力。此外，互联网还提供了一个平台，让农村的创业者和小微企业能够以较低的成本进行市场推广和品牌建设，从而在激烈的市场竞争中获得一席之地。

在山东曹县的大集镇，一个以"淘宝村集聚地"著称的地方，当地的经营环境面临一系列机遇和挑战。该镇的演出服饰产业，需要大量原料和产品的运输，这对于基础设施，尤其是道路设施，提出了较高的要求。面对这一挑战，镇政府出资拓宽并整修了镇域南北向的主要对外通道——桑万路。这一改变提升了道路质量，极大改善了交通条件，使运输车辆能够快速进入济广高速，接入区域高速交通网络。此项措施显著提高了物流效率，为当地经济的进一步发展奠定了基础。继桑万路的整修之后，2015年，镇政府进一步扩大了基础设施建设的范围，对丁楼村等7个村庄的主要进村道路进行了整修。这一系列的基础设施改善，不仅便利了当地居民的日常出行，也为演出服饰等产业的原料运输和成品配送提供了强有力的支撑，促进了当地经济的快速发展。除了道路基础设施外，电力供应也是支撑经济发展的关键因素之一。考虑到高峰时期的电力需求，大集镇升级了电力线路并增加了变压器的数量，有效保障了供电的稳定性。这一措施为当地企业提供了稳定的电力保障，特别是对于电力消耗较大的产业，如大规模生产工厂，这一改进尤为重要。2015年，曹县会同通信公司共同启动了光纤入户工程，这一举措极大提升了网络带宽，为大集镇的家庭和企业提供了高速的互联网接入。至今，光纤入户的家庭超过5000户，大集镇在全省的光纤网络覆盖率位居首位。高速可靠的网络接入为农村电商的发展提供了强有力的技术支持，使得当地的商户能够更加便捷地接入全国乃至全球的市场，拓宽了销售渠道，提高了经营效率。

互联网的兴起彻底转换了人类的沟通、交易习惯，同时孕育了创新的商业模式。电子商务平台为供需双方提供了一个有效的对接平台。这种新型的交易方式让很多定制化、小众产品得以实现地方化生产，不仅增强了产品的市场吸引力，也为那些工业基础薄弱的地区提供了摆脱传统发展模式的可能，促进了产业的根本性转变。电商平台的出现，为基于地方特色的创业提供了新机遇。许多具有洞察力的创业者通过电商平台,将地方特色产品推向更广阔的市场,实现了与更大生产消费系统的对接。这些平台不仅是销售渠道,还整合了采购、生产、营销、配送等服务,形成了一个全面的商业生态系统。电商平台不仅提供交易的场所,还是信息获取、技能学习、数据分析的重要工具。这对于解决基层创业者面临的知识和技能缺乏问题至关重要[1]。在依靠人际网络进行知识传播的同时,线上学习提供了额外的支持,形成了一种高效的双轨学习机制,有助于提升乡村电商的发展水平,加快了"淘宝村"等电商聚集区的增长速度。然而,一个不容忽视的现实是,尽管互联网基础设施得到了全面发展,但对这些平台的运用能力依旧与地方的发展水平和人们的教育背景紧密相关。这意味着不同地区在通过电商平台将本地产品推向外部市场的效率上存在显著差异。

四、各级政府:政策制定与服务供给

观察中国各地"淘宝村"的成长轨迹,显而易见的是,其发展普遍受到了来自各级政府的积极支持。根据新结构经济学的观点,经济发展的进程中,政府与市场两者应发挥各自的作用,共同促进社会经济的进步。在这一框架下,政府主要负责提供具有外部性的公共产品,这些产品既可以是实体设施建设等硬性公共产品,也可以是针对性政策出台、制度机制调整等软性公共产品[2]。在"淘宝村"的形成与扩张过程中,各级政府所扮演的角色及其提供的支持形式在不同阶段各有侧重。在电商产业发展的早期阶段,尤其是当产业规模尚小,尚未引起较高级别政府的足够关注时,地方政府通常扮演着至关重要的角色。这些基层政府机构利用其行政资源优势,积极支持本地电商产业的成长,包括但不限于

---

[1] 洪卫,崔鹏.交易平台、专用知识与柔性生产关系的实证研究:基于曹县淘宝村调研[J].中国流通经济,2017,31(1):122-128.
[2] 林毅夫.新结构经济学:重构发展经济学的框架[J].经济学(季刊),2011,10(1):1-32.

提供网店注册服务、创业贷款支持以及技术培训等。这种来自基层政府的支持，实际上是对新结构经济学理论的一种实践。通过提供既包括硬性基础设施建设，又包括软性政策支持和制度机制调整的公共产品，政府为"淘宝村"等电商集聚区的成长提供了必要的外部条件。这些措施不仅解决了电商初创期面临的一系列瓶颈问题，也为其后续的快速发展打下了坚实的基础。

随着乡村电商产业的蓬勃发展，"淘宝村"这一现象逐渐成为社会各界乃至国家高层领导关注的焦点。在这种背景下，上级政府开始更加积极地介入"淘宝村"的发展，不仅仅是通过言论鼓励，更是在资金和政策上给予了大力支持。这些支持措施覆盖了多个方面，其中包括但不限于道路交通的改善、土地供应的政策便利化、通信设施的升级等。这些公共服务产品的供应为乡村电商的进一步发展提供了坚实的基础。道路交通的改善，使得物流配送更为高效，降低了运输成本，加快了货物流转速度，从而增强了乡村电商的市场竞争力。土地供应政策的优化为电商企业的扩张提供了更多可能，使得它们能够更灵活地进行仓储、生产等布局，进一步扩大经营规模。通信设施的升级，尤其是宽带网络和移动通信的普及，为乡村电商提供了更为稳定和高速的数据交换平台，使得线上交易、客户服务等活动更加高效。这种由国家层面向下推动的支持机制（图5-2），不仅加速了乡村电商的发展，也为其他乡村模式提供了成功的示范，鼓励更多的乡村地区通过电商等新兴产业实现经济转型和升级。通过"淘宝村"这样的典范，我们可以看到国家对于农村经济发展的重视，以及通过现代信息技术推动农村经济转型的决心。

第五章 鲁西崛起背景下"淘宝村"发展的新挑战

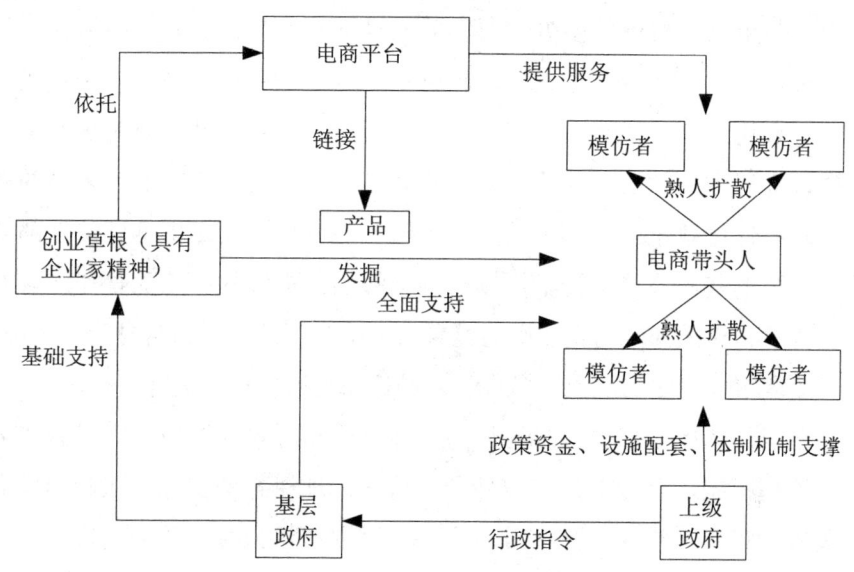

图 5-2 "淘宝村"驱动条件的作用机理

五、现代乡村治理:"淘宝村"持续发展的黏合剂

"淘宝村"的兴起与发展,标志着中国乡村经济和社会结构在新时代背景下的一次重大转型。这一转型不仅仅是产业结构的更新换代,更是对乡村空间布局、城乡关系乃至乡村社会组织形态的全面重构。借助电子商务这一现代技术手段,富有创业精神的草根群体成功地将当地的产业基础和资源优势转化为经济增长点,通过电商平台强大的连接能力,让这些乡村深度融入区域乃至全球的经济分工体系中,促进了经济的快速增长和村民财富的显著提升。伴随着各级政府的有力支持,"淘宝村"成了中国乡村振兴战略中的一颗耀眼之星,展现了乡村经济发展和现代化道路的新模式。然而,随着时间的推移,一些"淘宝村"开始面临持续性发展的挑战。为了应对这些挑战,确保乡村电商产业能够持续健康发展,同时促进人居环境的持续优化,对原有的乡村治理体系进行重构十分必要。这种重构的核心是构建一个现代化的乡村治理体系,其特点

是政府、市场、村民等多方参与,形成自下而上与自上而下相结合的协同治理新模式。在这一模式下,政府不再是唯一的行动主体,而是成为引导者和协调者,激励和支持村民自主创业、自我管理,同时确保市场在资源配置中发挥关键作用。这种治理模式的建立,旨在实现多赢的局面:政府通过政策引导和公共服务供给,为乡村电商提供良好的外部环境和必要的基础设施支持;市场机制能够确保资源的有效配置和产业的健康竞争;村民和电商企业则通过参与决策和管理,加强自身能力建设,提高适应市场变化的能力,实现收入增长和生活质量的提升。

在当代乡村治理中,多元化的参与主体和有效的沟通反馈机制成为现代治理机制不可或缺的组成部分。这一治理模式的实施,在新的发展阶段表现得尤为明显。富有号召力的村干部,作为村两委的代表,构成了村庄内部治理的组织核心,主导各项事务的决策和执行过程。随着电商产业的兴起与发展,乡村经济的新兴精英开始出现,他们在经济活动中积累了声誉和威望,成了乡村治理结构中的关键力量。这一群体不仅在推动产业发展中扮演领路人的角色,还利用自身的影响力,在乡村的各项建设活动中发挥着不可替代的作用。他们激发了村民的参与热情,动员了广泛的基层力量,确保了村民在美丽乡村建设等项目中发挥核心作用。在这一治理新局面之外,为弥补治理空缺并及时反馈治理需求,电商协会等协调组织陆续建立。这些组织不仅深深根植于农村社会,还融合了供应商、服务商等外部治理主体,有效地协调了不同利益方的需求和诉求。这种机制能够在传统治理框架之外,与政府构建有效的对话渠道,促使政府及时优化资源配置,调整政策导向,以更好地服务乡村发展的实际需求。随着国家治理体系在乡村的深入,乡村与政府之间的关系变得更加紧密。政府的支持不再局限于初期的产业发展和配套设施建设,而是扩展到了公共服务设施的完善、生活环境的优化等方面,形成了一种持续改善的高水平公共产品供应机制。这种转变意味着乡村治理不仅关注经济的快速增长,更注重可持续发展和居民生活质量的提升。

第五章 鲁西崛起背景下"淘宝村"发展的新挑战

"淘宝村"的发展旅程,从其初步形态到现代化转型,展示了乡村电子商务产业如何深刻影响并重塑乡村经济结构和社会生活。在这一进程中,高度的治理协同和完善的公共服务产品供应不仅成功地留住了互联网乡村精英,也吸引了更多的市场资本和社会力量的加入。这种集中的力量不但推动了产业价值链的提升和上下游链条的延伸,还实现了产业的良性循环和发展。"淘宝村"发展的三个阶段各有特色,共同勾勒出了乡村电商从萌芽到繁荣的历程。在淘宝村 1.0 模式中,村民利用自家的土地和建筑,将居住、办公、加工、仓储等多种功能融为一体,开展电子商务活动。这一阶段的特点是利用现有资源,探索电商的可能性,为乡村电商的兴起奠定了基础。进化到淘宝村 2.0 模式,产业空间的规模化建设和配套设施的综合化扩张更加明显。这一阶段的重点在于基础设施和产业链条的拓展,通过提升物流、通信和生产设施,加快了产业的集聚和规模化发展,进而提升了乡村电商的整体竞争力和效率。淘宝村 3.0 模式则代表了一次质的飞跃,不仅仅是产业发展的进一步加速,更重要的是对人居环境的全面优化和乡村治理体系的现代化转型。在这一阶段,精英组织、政府推动、市场拉动和农民广泛参与的方式全方位提升了乡村治理能力,唤醒了基层社会对乡村治理参与的自觉性,促进了国家治理体系对乡村社会的深入融合。此外,外部市场与社会力量也为乡村的全面复兴提供了坚实的基础(图 5-3)。淘宝村 3.0 模式的核心在于,它不仅追求经济效益的最大化,更加重视社会和环境的可持续发展。通过优化人居环境,改善居民生活质量,以及构建一个更加公平、开放和高效的治理体系,"淘宝村"的发展不仅促进了经济繁荣,也实现了社会和谐与环境保护的目标。

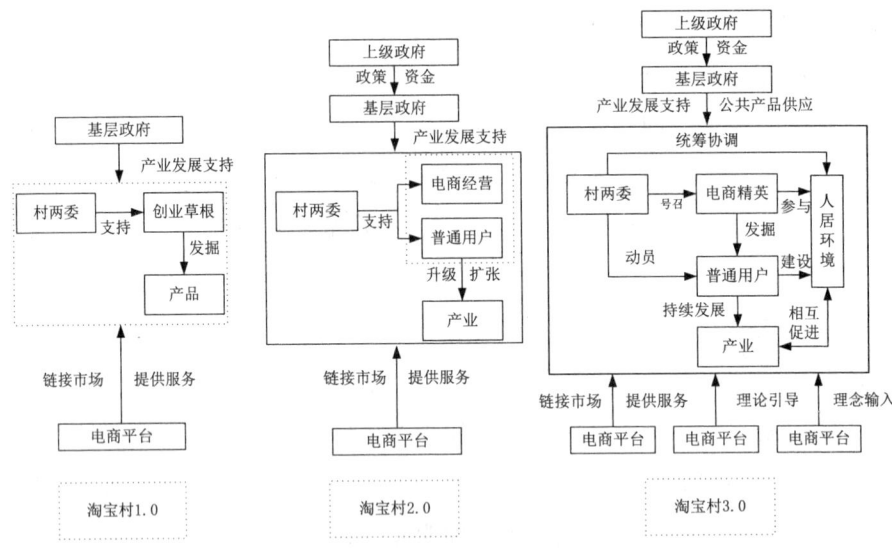

图 5-3 "淘宝村"演进阶段

通过构建现代乡村治理体系，乡村地区与电子商务的结合进入了一个全新的发展阶段，不仅促进了经济增长，还推动了社会的全面现代化转型。这一转型的目标是营造一个高质量的田园式人居环境，同时完善公共服务设施，实现城乡公共服务的均等化，从而提升"淘宝村"公共服务的能力和水平。这种深度的结合超越了单纯的经济增长目标，走向了生产设施与生活设施同步完善、经济发展与社会治理同步提升的新阶段，为乡村社会的可持续发展奠定了坚实基础。在实现这一目标的过程中，现代乡村治理体系发挥了关键作用：一是通过优化人居环境，提高了居民的生活质量。这不仅包括改善基础设施，如道路、供水、供电等，还包括引入绿化、休闲和体育设施，以及改善卫生和教育服务。通过这些措施，乡村不仅成了一个适宜居住的地方，也成了一个吸引人才和投资的地方，从而为电子商务和其他产业的发展打下了良好的基础。二是完善公共服务设施，推动城乡公共服务设施的均等化，是现代乡村治理体系的另一个重要目标。这意味着不仅要增加公共服务设施的数量，还要提高服务的质量，确保所有居民，无论是在城市还是在乡村，都能享受到高标准的公共服务。这种服务的均等化有助于促进社会的公平与和谐。

第六章 鲁西崛起背景下"淘宝村"转型发展中乡村治理思路

第一节 高度明确政治、经济、文化逻辑机制

一、政治方面

(一) 透明的决策过程

透明的决策过程是现代乡村治理的基石。在淘宝村这样的地方,村民的日常生活与其生产、经营活动密切相关。村庄的决策不仅关乎整个村落的发展方向,更影响每一个村民的切身利益。因此,确保决策过程的透明尤为重要。这主要体现在以下几方面:

一是增强信任度。当决策过程对外公开,每一位村民都能了解决策的来龙去脉,这样可以消除他们的疑虑,更加信任村庄的决策。这种信任感对于决策的顺利执行至关重要。二是提高执行效率。村民对于公开、透明且合理的决策更容易接受,乐于执行和遵守。

(二) 政策的公平性

在现代的乡村治理中,每个村庄都面临从传统向现代转型的挑战,

鲁西"淘宝村"也不例外。在这一背景下,淘宝村的村民有着自己的利益和需求。如何确保每个人在政策制定中得到平等对待,如何确保政策能够反映公共利益,这是乡村治理中必须解决的现实问题。公平的政策可以带来以下好处:

一是促进村庄和谐与稳定。当每个村民都认为自己在决策过程中得到了平等对待,当他们认为政策制定是公正的,他们更容易接受和遵守这些政策。这会减少村庄内部的摩擦和冲突,促进村庄的和谐与稳定。二是可以增强政策的有效性。基于公共利益而制定的政策更容易得到大多数村民的支持,不仅政策执行更为顺利,效果也更好。三是减少利益冲突。当政策制定考虑到了每个村民的利益,利益冲突和对立就会大大减少。这样可以防止村庄内部的矛盾和冲突,确保村庄的稳定发展。

二、经济方面

(一)跨区域的经济合作

淘宝村在追求经济发展的同时,必须认识到一个单一的经济实体,不论其有多大的潜力,都无法与一个完整、多元化的经济网络相提并论。而跨区域的经济合作为淘宝村提供了这样一个与更大经济网络相连接的机会。当村民的产品或服务超出了本地的需求范围,这种合作方式为其提供了进入其他市场的机会。同样,淘宝村可以从其他地区引进本村缺乏的产品或服务,丰富村民的生活体验和消费选择。

还有一点需要提起高度重视,即经济合作意味着知识和技术的交流。淘宝村可能遇到一些本村没有的问题,而其他地区可能已经有了解决这些问题的经验。通过合作,淘宝村可以学习这些经验,加快自身的问题解决和发展进程。而对于其他与淘宝村合作的地区来说,其可以从淘宝村学习利用电商平台进行线上销售,以及管理和培训电商团队。这样的交流和学习,不仅是商品和服务的交换,更是思想和经验的交换,对于加强地区之间的友好关系和促进社会和谐有积极意义。

（二）产业链的整合与优化

产业链的整合与优化为淘宝村提供了一个与时俱进、与世界接轨的机会。对于淘宝村来说，产业链的每一个环节都是其生命线。从原材料的供应到生产、销售、后期的服务，每一个环节都影响着淘宝村的经济效益和长远发展。产业链的整合是将这些环节紧密地联系起来（图6-1），确保资源的高效利用和成本的降低。

图6-1　鲁西淘宝村产业集群建设

优化产业链更是一个系统工程，其不仅仅是将已有的环节做得更好，更是要在整个产业链中找到新的增长点。这可能涉及技术的引进、新的合作模式的探索，甚至是跨界的合作。淘宝村可以考虑与其他地区、其他行业进行深度合作，形成一个更大、更完整的产业网络。这种网络能够为淘宝村带来更多的资源和更大的市场，提高其在全球范围内的竞争力。当然，淘宝村在产业链整合与优化中还面临许多挑战。如何确保资源的公平分配、如何确保合作的双方都能够从中受益、如何避免产业链中的瓶颈效应等问题都需要淘宝村在现代乡村治理中加以解决。这也意味着乡村治理不仅要注重短期的效益，更要有长远的眼光，如此才能确保淘宝村的持续、稳健发展。

(四)持续的人才培养和引进

三、文化方面

(一)乡村文化的传承

在当前的社会经济背景下,乡村文化的价值被重新定义。作为乡村的灵魂,乡村文化对于鲁西"淘宝村"的转型发展具有特殊的意义。这是因为文化的存在为淘宝村的乡村振兴打下了坚实的基础。无论是在农业生产、工艺制作,还是在村落的规划与建设中,都能够看到文化的痕迹。它为村民提供了一个认同感,使得他们更加珍惜自己的家园,更加积极地为乡村的发展而努力。

与此同时,文化的传承对于淘宝村的未来具有积极的影响。通过文化活动和教育,可以让年青一代更加了解自己的历史和传统,更加尊重自己的文化根源。这不仅可以帮助他们形成强烈的文化认同感,更可以激发他们的创新意识和创业精神。因为他们知道,无论他们走到哪里,都有一个坚实的文化基础在背后支持他们。更为重要的是,这种文化认同感为淘宝村的发展提供了一种特殊的动力。这是因为,对于村民来说,他们不再仅仅是为了经济利益而工作,而是为了维护和传承自己的传统文化而努力。这为淘宝村的发展提供了一个持久而稳定的动力来源,确保了其转型发展的成功。文化的价值不仅仅体现在其历史和传统上,更体现在其对于当下和未来的影响上。对于淘宝村来说,文化的传承和认同感为其转型发展提供了坚实的支撑。无论是在经济、社会还是在技术方面,文化都为淘宝村的乡村振兴提供了无可替代的支持。

(二)文化与技术的融合

作为现代乡村治理框架的重要组成部分,文化认同与乡村振兴在淘宝村的重塑过程中发挥着关键的作用。在这一过程中,文化与技术的融合成为不能忽视的要素。在淘宝村的历史长河中,文化一直是村庄生活的核心。每一个家庭、每一个角落都有文化的印记。而在现代化的浪潮中，如何将这些深厚的传统文化与现代技术相结合，是淘宝村转型发展过程中必须解决的一大问题。技术的力量是无处不在的，无论是在农业、工艺制作，还是在日常生活中，技术都为淘宝村的村民带来了巨大的便利。与此同时，技术为淘宝村的文化传播提供了一个全新的平台。例如，使用虚拟现实来重现历史事件，让人们身临其境地体验淘宝村的过去；使用社交媒体来分享乡村的故事和传统，让更多的人了解淘宝村的文化魅力。

这种文化与技术的融合，不仅为淘宝村带来了经济上的收益，更为村庄的文化传承提供了一个稳定的支撑。在这个信息化的时代，文化不再仅仅是一个抽象的概念，而是可以被量化、传播、分享的资产。这种资产对于淘宝村的未来发展来说，具有无可替代的价值。更为重要的是，文化与技术的融合也为淘宝村的村民提供了一个全新的角色。他们不仅是传统文化的守护者，还是现代技术的使用者和创新者。这种双重身份为淘宝村的文化传承提供了无尽的可能性。在现代社会，文化与技术的融合已经成为一种趋势。而对于淘宝村来说，这种融合不仅仅是一种选择，更是一种必然。因为只有通过文化与技术的完美结合，淘宝村才能够在转型发展的道路上走得更远、更稳。

（三）文化与乡村经济的结合

淘宝村所在的鲁西地区历史悠久，有着丰富的文化遗产和民间传统。这些宝贵的文化资源如果被合理地开发和利用，不仅可以弘扬乡村文化，还可以为乡村经济注入新的活力。设想一下，当游客踏入淘宝村，他们可以看到充满乡土气息的传统手工艺，品尝正宗的鲁西美食，参与丰富多彩的民间活动，所有这些都源于淘宝村的独特文化。而这些独特的文化体验无疑将吸引更多的游客前来，从而带动乡村的文化旅游产业。

除了文化旅游，淘宝村还可以发掘本土的文化元素，创造与众不同的文化产品。例如，将传统的鲁西手工艺与现代设计相结合，制作出既保留传统特色又具有现代感的手工艺品，这样的产品不仅能够满足消费者的审美需求，还有利于传统手工艺得到传承与发展。同样，淘宝村可以组织各种文化活动，如歌舞表演、传统节日庆典等，将文化活动与商业策划相结合，使之成为乡村的一大经济来源。这些活动不仅可以吸引外部游客，还可以加深本地居民对于自己文化的认同感。文化与经济的结合实际上是文化资本的转化。在这一过程中，保护文化的原真性和独特性最为关键。过于商业化的开发有可能导致文化的异化和失真。因此，淘宝村在开发文化资源的同时，还要对其进行有效的保护和管理。

第二节 "淘宝村"转型发展中的现代乡村治理框架

一、多元参与

（一）强化村民主体地位

淘宝村的转型发展不仅仅是一个经济的转型，更是一个治理思维的转变。在这一转变中，"多元参与"无疑起到了至关重要的作用。谈到"多元参与"，其内涵包括各种不同的声音、利益和需求。然而，在乡村治理中，其中最为关键的就是强化村民的主体地位。淘宝村的村民历经乡村的发展和变迁，对村庄有着深厚的感情。他们也是乡村治理中不可或缺的一部分。回首淘宝村的发展历程，电商是它崛起的关键，但背后的驱动力是村民的创新和努力。村民不只是一群简单的农民，他们更是这片土地的主人，对乡村的未来充满了期望。这种期望是无法被替代的，它使得村庄的每一个决策都与村民的生活息息相关。

因此，当人们谈及乡村治理，不能简单地将其视为一个管理过程，而应将其看作一个由村民参与的决策过程。这种参与不仅为乡村治理提供了更为全面的信息,也增加了决策的公正性和公平性。设立村民代表会议、组织村庄大会等方式,不仅能够有效地收集和整合村民的意见,还能确保这些意见在关键决策中得到充分的重视。但这样的参与并不是偶然的,它需要一个平台,一个让村民能够发声、交流和决策的平台。这就是"社区治理"。社区治理不仅仅是一个管理模式,更是一种思维方式,它鼓励村民主动参与,鼓励他们对自己的生活负责。这种治理方式更注重人与人之间的交流与合作,注重共建共享。结合淘宝村的特点,社区治理尤为重要。对于一个以电商为主要产业的村庄而言,信息的流通和共享至关重要。社区治理则为这样的信息流通提供了良好的条件。它强调的是村民之间、村民与领导之间,甚至是村庄与外部世界之间的交流与合作。通过这样的交流,可以更好地理解和满足村民的需求,使得淘宝村的发展更加平稳和有序。

(二)企业与社会组织的角色强化

电商背景下的淘宝村,不仅仅是一个单纯的农村,它更像是一个融合了传统与现代、农业与商业的综合体。在这样的环境下,企业的作用尤为明显。它们不仅为村庄带来了经济的效益,更为村民提供了就业的机会,帮助他们在家门口实现了增收。这进一步地促进了乡村的社会和文化发展。

但是,仅有经济的发展还不够。一个乡村要真正崛起,还需要社会的支持。这时,社会组织的作用尤为关键。农民合作社、妇女协会、文化艺术团体等,它们都是乡村社会发展的重要推手。这些组织代表了乡村的多元文化和社会需求,它们在乡村治理中起到了桥梁和纽带的作用。试想一下,一个乡村,只有经济的增长,但社会和文化停滞不前,这样的乡村能够长久吗?答案是不确定的。因为经济是乡村的基础,但社会和文化是乡村的灵魂,没有灵魂的乡村,怎能吸引更多的人才来发展?所以,淘宝村在其转型发展中,必须要强化企业和社会组织的角色。这不仅仅是为了经济的增长,更是为了乡村的长远发展。企业可以为乡村提供资金和技术，助力乡村发展；社会组织则可以为乡村提供更多的文化资源和社会资源，使乡村生活变得丰富多彩。另外，企业和社会组织在乡村治理中还可以发挥其他的作用。企业可以通过社会责任项目，帮助乡村进行基础设施建设、教育培训等；社会组织可以通过组织各种活动，增强乡村的凝聚力和向心力。这些都是乡村治理中不可或缺的部分。

（三）数字化与乡村治理的融合

从淘宝村的电商基因出发，数字化已经是其日常运营的一部分。数字化平台的出现，给乡村治理带来了翻天覆地的变化。现在，无论是在哪里，只要有网络，村民就可以随时参与到乡村治理中来。

这种模式显著提高了决策的透明度。每一项决策、每一个项目都可以在数字化平台上得到公示，便于村民了解。这种透明度保障了村民的知情权，更确保了决策的公正性和合理性。而在决策的过程中，公众的参与度也得到了极大的提高。例如，通过在线投票，村民可以直接参与到乡村的重大决策中。这样，不仅能够确保决策更加贴近村民的实际需求，更让每一个村民成了乡村治理的主体，共同决定乡村的未来。有一点不可否认，数字化还为乡村治理带来了更为高效的工具。在面对复杂和多变的外部环境时，淘宝村可以通过数字化平台，迅速收集和分析信息、制定策略。这不仅提高了决策的效率，更帮助乡村更好地应对外部环境的变化。

二、科学决策

（一）快速响应的决策机制

快速响应的决策机制是淘宝村持续发展的关键。设立专门的应急响应小组或建立一套快速决策程序，这只是实现快速响应的手段之一。更为关键的是，淘宝村要形成一种灵活、开放、接受变化的文化。这样的文化不仅可以帮助淘宝村在关键时刻迅速做出决策，更可以确保每一个村民都能够积极参与，为村庄的发展出谋划策。

（二）动态的政策评估

在电商领域，静态的、一成不变的政策很可能在短时间内就变得不合适或者过时。这意味着决策者不能仅仅满足于制定政策，更应该关注政策实施后的效果和反馈，确保政策始终与实际情况相匹配。动态的政策评估正是为了解决这一问题而出现的。通过定期检查政策的执行效果，淘宝村可以及时了解政策是否真正有效，是否存在需要调整或改进的地方。这不仅可以保证政策始终与实际情况保持一致，还可以为决策者提供宝贵的参考和指导，使其能够根据反馈及时调整政策方向。

为确保这一评估机制真正生效，真正起到应有的作用，淘宝村要建立一个科学、严格、公正的评估体系。一是数据的收集和分析要足够严谨。这意味着需要有一套完善的数据收集体系，确保收集到的数据真实、准确。同时，数据分析要足够深入，不仅要看到表面的数据，更要挖掘背后的深层次原因。二是评估结果要与实际决策相结合。评估的目的不仅仅是了解政策执行的效果，更重要的是根据评估结果调整政策，使其更加适合、更加有效。这就要求淘宝村的决策者具备足够的开放心态，愿意听取反馈，愿意对已经制定的政策进行调整和完善。三是评估机制要具备一定的透明度。淘宝村的每一个村民都是政策的直接受益者，他们有权知道政策的执行效果，有权对政策提出意见和建议。因此，政策评估的过程和结果都应该公开透明，让每一个村民都能参与其中，共同为淘宝村的发展出谋划策。

（三）强化外部合作与交流

合作与交流是打破淘宝村可能存在的信息孤岛、打通知识壁垒的关键。定期的交流会议、工作坊或研讨会，不仅可以为淘宝村带来外部的新知识和新技术，更可以为淘宝村提供一个全新的视角，去看待自己所面临的问题和机遇。而这种全新的视角正是"淘宝村"提高治理灵活性、应对未知挑战的关键。与此同时，淘宝村可以通过外部的合作与交流，分享自己的经验和教训。这不仅可以加强"淘宝村"与外部合作伙伴的关系，更可以为淘宝村带来更多的机遇和资源。在电商这个高度竞争的领域，合作与共赢，往往比单打独斗更能取得长远的成功。为此，淘宝村需要建立一个开放、透明的交流机制，鼓励村民和企业与外部伙伴进行合作与交流。

（四）培育创新文化

培育创新文化，意味着在淘宝村这片土地上，每一个人都可以成为创新的推动者。每当面对新的问题或挑战，人们不再是简单地依赖过去的经验或传统的方法，而是敢于尝试、勇于创新。这种文化不是凭空产生的，而是需要淘宝村从各个层面去培育和推广的。

在村民层面，他们需要通过教育和培训，不断丰富知识和提高技能。除了教会他们如何面对问题、如何思考、如何创新，还可以通过各种激励措施，如奖励、补贴或优惠政策，去鼓励他们尝试新的事物、探索新的方法。对于企业而言，淘宝村可以为其提供各种支持，包括资金、技术、市场或资源，鼓励企业研发新的产品、技术或服务，推动整个乡村的创新。同时，"淘宝村"可以鼓励企业与学校、研究机构或其他企业合作，共同进行研发和创新。对于社会组织而言，作为淘宝村的另一个重要组成部分，其可以成为创新的推动者。社会组织可以与淘宝村合作，共同开展各种项目、活动或研究。通过这些合作，社会组织可以提高自身的影响力，同时为整个淘宝村带来新的机会和资源。除了这些措施，培育创新文化还需要淘宝村在制度和政策层面进行改革，为创新提供更多的空间。例如，"淘宝村"可以简化审批流程，为企业提供更多的自主权，或者为创新项目提供特殊的政策支持。

三、科技驱动

（一）大数据助力决策分析

作为现代科技的产物，大数据为淘宝村带来了前所未有的机会。每天，无数的交易、评论、点击和搜索在这个电商村庄中产生，留下了丰富的数据痕迹。这些数据看似琐碎，却隐藏了无数宝贵的信息。

市场趋势、消费者偏好、产品销售、库存管理等方面的商业决策都可以通过大数据得到更为精准的指导。例如，通过对历史销售数据的分析，淘宝村可以预测下一个季度受欢迎的商品种类，从而提前进行生产和库存调整；通过消费者的评论和反馈，"淘宝村"可以及时发现产品的问题，进行优化和改进。除了商业决策，大数据还能为乡村治理带来革命性的变革。例如，通过对交通流量、气候变化、土地利用等数据的分析，淘宝村可以更为合理地规划基础设施建设，确保资源的最优利用；通过对村民的意见和建议进行收集和分析，决策者可以更为精准地了解村民的需求和期望，从而制定出更为贴近实际的政策和措施。

（二）物联网实现资源高效管理

淘宝村凭借其独特的地位和特色，早已不再是一个简单的乡村，而是一个充满活力、机遇和挑战的现代化乡村。在"淘宝村"发展过程中，物联网扮演了重要的角色。物联网，顾名思义，是物与物之间的连接。它利用各种传感器、控制器、网络等技术手段，将各种物体连接起来，形成一个巨大的信息网络。这个网络不仅可以实时收集、传输和处理数据，还可以对数据进行分析和应用，从而达到优化资源管理、提高效率、节约成本的目的。

对于淘宝村来说，土地、水、电等资源都是其生产和生活的基础。合理、高效地利用和管理这些资源有利于村庄的繁荣与稳定。物联网恰好可以帮助淘宝村实现这一目标。以土地为例，淘宝村可以通过传感器实时监控土地的湿度、温度、pH等关键参数，根据作物的生长需要，自动调整灌溉、施肥等措施，从而实现精准农业。而对于电力资源，通过智能电网技术，淘宝村可以实时了解电力的供应和需求状况，根据需求动态调配电力，避免供电不足或浪费的情况出现。另外，物联网还可以帮助淘宝村实现更为智能、便捷的服务。例如，通过智能垃圾桶，"淘宝村"可以实时了解垃圾的积累情况，及时清理；通过智能交通系统，"淘宝村"可以监控路况，实时调整交通流量，确保道路畅通。

（三）云计算与人工智能优化公共服务

在数字化时代，科技对于乡村的转型和发展起着至关重要的作用。鲁西"淘宝村"的发展路径正是一个活生生的例证。

对于淘宝村而言，云计算的引入意味着公共服务可以得到快速、稳定和高效的支持。无论是政府的行政服务还是乡村的医疗、教育、交通等领域，都可以通过云平台提供更为迅速和高效的服务。这样的变革为村民带来了实实在在的便利，无论是查询政务信息还是在线预约医疗服务，都变得前所未有的便捷。然而，仅有云计算远远不够。在这个信息爆炸的时代，如何从大量的数据中提取有用的信息，为村民提供更加精准、个性化的服务，是一个亟待解决的问题。这时，人工智能应运而生。通过深度学习、机器学习等技术，人工智能可以"学习"村民的需求和习惯，为他们提供更为贴心的服务。例如，智能客服可以快速响应村民的咨询，为他们提供准确的答案；智能交通管理系统可以根据道路实时情况，为村民提供出行建议；智能健康咨询平台可以根据村民的身体状况，为其提供个性化的健康建议。这些智能化服务提高了公共服务的效率，深受村民欢迎。

四、系统思维

（一）识别交叉影响

对于鲁西"淘宝村"这样在电商领域有着深厚积累的乡村来说，面对复杂多变的现实，单一的思维模式已不能满足治理的需要。此时，系统思维的引入尤为关键。识别交叉影响实质上是看待问题的一个"宏观"视角。村庄中的任何一个问题都不是孤立存在的，它们与其他问题相互联系、相互影响。正因为有这种相互作用，所以在处理一个问题时，人们必须同时考虑其他问题，确保在追求某一目标时，不会损害其他方面的利益。以经济发展和环境的关系为例，两者的互动是复杂而微妙的。经济的增长可能导致资源的过度开发和环境的破坏，但一个健康的生态环境又是吸引投资、保障农作物增产的前提。所以，对于淘宝村这样的电商重镇来说，如何在追求经济效益的同时，保护生态环境，实现经济和生态的和谐发展，成为一个待解的难题。

（二）确保资源有效配置

在确保资源有效配置这一议题上，淘宝村面临的挑战并不少。这里的资源不仅仅指的是物质资源，如资金、土地和设备等，还包括非物质资源，如人才、信息和品牌等。每一种资源都有其独特的价值，需要在乡村治理的大框架下得到合理的调配和应用。

为了实现这一目标，淘宝村需要建立一个全局性的资源配置体系。这个体系应当能够及时捕捉资源的流动和变化，确保资源始终流向最需要它的地方。例如，如果某一个部门因为缺乏资金而无法开展工作，而另一个部门有多余的资金，那么应当及时进行调整，确保资金能够流向最能创造价值的地方。同样，淘宝村需要确保非物质资源的合理配置。例如，对于人才资源，"淘宝村"不仅要确保每一个部门有足够的人手，还要确保这些人手都是最合适的，可以充分发挥其专业优势。对于信息资源，"淘宝村"要确保信息能够流通，各个部门之间可以分享信息，共同决策。在这个过程中，淘宝村还需要注重资源配置的综合性。这意味着"淘宝村"不能只关注某一种资源，而忽视其他的资源。每一种资源都有其独特的价值，都应当得到足够的关注和支持。只有这样，"淘宝村"才能实现资源的最大化利用，推动乡村整体的和谐发展。

（三）建立反馈机制

作为电商重镇，淘宝村面临的挑战和压力与众不同。这就需要治理策略具有高度的针对性和灵活性。如何做到这一点呢？答案就是建立一个有效的反馈系统。这个反馈系统应该具备四个特点：

一是数据驱动。淘宝村可以利用其电商背景，建立一个数据收集和分析系统。这个系统可以实时监测各种数据，如销售额、流量、用户评价等，从而为决策者提供有力的数据支持。二是村民参与。除了数据，淘宝村还应该鼓励村民参与到反馈系统中来。通过调查、座谈会、网络平台等方式，征集村民的意见和建议，让他们对治理工作有更多的参与感。三是动态调整。当收集到足够的数据和意见后，淘宝村应该迅速对现有的策略和措施进行调整。无论是微调还是大的方向性调整，都应该确保治理工作始终与时俱进。四是持续迭代。反馈机制不应该是一次性的，而应该是一个持续的过程。淘宝村应该定期进行反馈，确保治理工作始终在正确的轨道上。另外，建立反馈机制还可以带来其他的好处。例如，当村民看到自己的意见被采纳，他们会有更强烈的归属感和满足感，从而更加积极地参与到乡村治理中来。同时，反馈机制可以提高治理工作的透明度，增强村民对决策者的信任。

（四）促进跨部门合作

淘宝村作为一个以电商为主导的经济特区，各个部门都掌握了大量的数据和资源。如果各部门能够共享这些信息和资源，那么淘宝村的发展将会得到极大的加速。首先，互补优势。每个部门都有自己的专长和资源，通过跨部门合作，各个部门的优势可以得到最大化的利用。例如，研发部门可以与销售部门合作，根据市场的需求研发新的产品。其次，提高工作效率。跨部门的合作可以减少重复劳动，确保工作更加高效。例如，各个部门可以共同开发一个信息系统，从而避免了多个部门分别开发类似系统的重复劳动。最后，增强团队凝聚力。跨部门的合作可以增强团队之间的凝聚力，确保淘宝村的发展方向是一致的。通过定期的跨部门会议和活动，各部门之间的沟通与合作将更加顺畅。为了实现这些目标，淘宝村需要建立一个有效的跨部门合作平台。这个平台可以是一个线上的信息系统，也可以是一个线下的会议中心，关键是要确保这个平台能够让各部门之间的沟通与合作变得更加容易。淘宝村还需要制定一套明确的规则和程序，确保跨部门合作能够顺利进行。这包括如何共享信息和资源、如何解决合作中出现的争议等。

第七章 鲁西崛起背景下"淘宝村"转型发展中的乡村治理路径

第一节 更新乡村治理理念,强化"淘宝村"发展顶层设计

一、全面审视与定位

(一)精准分析各种资源

正所谓:"知己知彼,百战不殆。"对淘宝村内外的资源进行精准分析,无疑是对村庄自身及其环境的深入了解,能够为村庄的转型发展提供有力支撑。资源的精准分析不仅仅是对土地、水源和矿产等自然资源的梳理,更多的是要了解村庄的核心竞争力,如当地的人才资源、技术资源、文化传统和电商基础设施。当淘宝村对这些资源有了详尽的了解后,就可以更加精准地为村庄的发展制定策略,确保资源得到最大化的利用。

例如,淘宝村通过全面审视,找到村内某种稀缺资源,然后通过电商平台进行销售,将极大地推动村庄的经济增长。同样,淘宝村充分利

第七章 鲁西崛起背景下"淘宝村"转型发展中的乡村治理路径

用当地的人才和技术资源,发展出有竞争力的电商产品,将为村民提供更多的就业机会,提高他们的生活质量。这种全面审视与定位还体现在淘宝村对自身在鲁西整体发展中的角色的认识上,淘宝村需要明确自己的定位,是作为鲁西的电商中心、文化传承地还是旅游景点。这种定位将为村庄的发展提供明确的方向,确保村庄的发展与鲁西地区的整体发展相契合,实现共赢。

(二)深入了解人口结构与需求

在乡村的转型发展中,无论是对于资源、技术还是人口,深入而广泛的审视都是必要的。对于淘宝村来说,其中尤为关键的就是了解人口结构与需求。这是因为人是资源,人是需求的创造者,也是发展的直接受益者。当村庄明确了居民的实际需求后,就能更好地对接市场,推动经济和文化的发展。

人口的年龄结构直接影响着一个地方的经济活动与消费习惯。例如,年轻人口多的地方可能更加活跃,对新技术、新事物接受度更高,而中老年人口多的地方可能更注重传统,对稳定和安全有更高的需求。通过了解年龄结构,淘宝村可以精准地为不同年龄段的居民提供服务,满足其不同的消费和生活需求。教育、技能和职业分布也是一个地方发展的关键。有技能、受过高等教育的人可能更容易适应新的经济环境,更乐于创新。而对于那些没有受过太多教育或缺乏技能的人群,"淘宝村"可以根据他们的实际情况,提供培训和工作机会,助力他们适应新的经济环境。消费习惯和文化娱乐需求也是影响淘宝村发展的关键因素。对于一个以电商为主要发展方向的村庄而言,了解其中居民的消费习惯意味着能够找到更适合市场的产品和服务,为居民提供更好的消费体验。文化娱乐需求则可以帮助村庄更好地进行文旅项目的规划,打造有特色的乡村旅游品牌。

(三)挖掘与传承乡村文化

文化是一个地区的灵魂,它涵盖了历史、风俗、信仰、艺术和生活方式等各个方面。"淘宝村"的乡村文化无疑是其宝贵的资产之一。"淘宝村"通过深入挖掘这些乡村文化，不仅可以增强当地居民的认同感和归属感，还可以为外部游客和投资者提供一个独特而有吸引力的旅游和投资环境。

可以试想以下，当游客走进"淘宝村"，他们不仅能够看到现代化的电商设施和服务，还能够感受到淘宝村深厚的文化底蕴，这无疑会给他们留下深刻的印象。这种结合了传统与现代的文化魅力，将极大地提高淘宝村的竞争力，吸引更多的游客和投资者前来。但仅仅挖掘乡村文化是不够的，更重要的是确保这些文化得到传承和发扬。乡村文化在现代社会面临各种挑战，如何确保这些文化不被遗忘，成为淘宝村必须解决的一个重要问题。这需要淘宝村在教育、旅游、商业等各个领域采取一系列措施，确保当地的乡村文化得到传承和推广。例如，"淘宝村"可以在学校开设有关乡村文化的课程，让年青一代了解并珍惜乡村文化。同时，"淘宝村"可以通过举办文化节庆、艺术展览等活动，吸引外部游客，让他们更好地感受淘宝村的文化魅力。

（四）经济结构的转型升级

谈到经济结构的转型升级，必须明确这不仅仅是一个技术或者业态的问题，更是一个思维方式和发展模式的问题。对于淘宝村来说，其有着独特的地理位置、文化背景和经济环境，转型升级的机会无处不在。例如，淘宝村可以通过引入现代化的农业技术，提高农产品的质量和产量，从而提升经济效益。同时，淘宝村也可以利用乡村文化资源发展乡村旅游业，吸引外地游客前来观光。鉴于淘宝村与电商有着不解之缘，其完全可以在这方面进行更深入的探索和发展。例如，淘宝村可以建立一个电商创新中心，吸引相关企业和创业者前来入驻，共同助力乡村电商的未来发展。当然，经济结构的转型升级并不是一蹴而就的，它需要淘宝村有明确的发展规划，有一个强大的领导团队，并得到外部的支持和帮助。但只要淘宝村能够坚持全面审视与定位的原则，不断地进行自我反思和完善,就一定能够找到适合自己的发展之路,实现真正的可持续发展。

二、重视人文与技术的结合

(一)技术引领,推动传统与现代的结合

在今天这个充满变革的时代,乡村面临的挑战和机遇与众不同。而鲁西的"淘宝村"作为典型代表,其转型的道路更显得独特和具有挑战性。想要走好这条路,关键就在于如何将深厚的文化底蕴与当下的科技进步相结合,实现两者的和谐发展。文化和技术看似两个截然不同的领域,但它们之间存在着紧密的联系。文化是乡村的根和魂,它记录了乡村的过去、现在和未来,技术则为乡村的未来提供了一种全新的可能。两者结合起来,不仅可以为"淘宝村"带来新的发展动力,还能为整个乡村治理体系注入新的活力。

引入现代技术,如数字化管理,不仅可以使乡村的管理更为高效,还能实现对乡村资源的精准配置。通过数字化管理,"淘宝村"可以更为精确地掌握每个家庭的生产、生活状况,从而为其提供更为贴心的服务。绿色能源的引入既可以满足乡村的能源需求,还能实现乡村的绿色发展。例如,太阳能、风能等绿色能源,不仅可以为乡村提供持续、稳定的能源供应,还能大大降低对环境的污染。这种对环境的尊重恰恰是淘宝村文化的一部分。但仅仅依靠技术是不够的,只有将技术与当地的文化进行结合,对淘宝村的乡村文化进行升级,才能使其在保持其原有魅力的同时,适应现代社会的需求。

(二)教育培训,缩小文化与技术的鸿沟

在淘宝村的转型发展过程中,人文与技术的结合尤为关键。而教育培训正是这一结合中的桥梁,其可以缩小文化与技术之间的鸿沟,使两者更好地融合和互补。"淘宝村"拥有深厚的文化底蕴,这是村民共同的精神财富。但随着技术的快速发展,如何让村民既能够掌握新技术,又

能够传承自己的乡村文化成为该村亟待解决的现实问题。

加强对村民的教育培训是实现这一目标的关键。教育培训可以帮助村民理解新技术的价值。在很多情况下，村民对新技术持疑虑态度，这很大程度上是因为他们对新技术缺乏了解。合理的教育培训可以为村民提供一个系统的学习机会，使他们能够了解新技术的工作原理、使用方法，以及新技术为"淘宝村"带来的好处。同时，教育培训有利于培养村民的创新意识和创新思维。这样，他们不仅可以在日常生活中有效利用新技术，还能在新技术的帮助下，创新发展乡村文化。

三、坚持社区共建共治共享

（一）建立多元沟通机制

社区共建共治共享是当下乡村治理中逐渐受到关注和重视的一种模式，尤其是在"淘宝村"这样的特殊环境中，其意义更加显著。而想要真正实现这一理念，建立多元沟通机制是关键。淘宝村的村民的年龄段不同、文化背景不同，他们的需求、期望和意见也必然存在差异，如果只依赖单一的沟通渠道，很可能忽略掉部分群体的声音。多元沟通机制能确保各个群体都有合适的方式表达自己，也可以在一定程度上提高政策的适应性和针对性。当村民知道自己的意见和建议被采纳，他们对于乡村治理的满意度和信任度会大大提高。这对于淘宝村的转型发展而言是宝贵的资源。

（二）培育社区领袖与志愿者团队

社区共建共治共享是一种民主、开放的治理模式，它突破了传统的自上而下的管理方式，使得乡村治理更加接地气，也更有针对性。其中，培育社区志愿者领袖是核心环节。社区志愿者领袖不同于普通村民，他们往往更加积极、有热情，愿意为社区的和谐、稳定与发展贡献自己的力量。他们了解当地的文化、习惯和需求，与村民之间建立了深厚的信任关系。正是这种信任，使得他们在乡村治理中起到了不可或缺的作用。

在政策制定和执行过程中，各种不确定性和偏差在所难免。这时，社区志愿者领袖与就可以起到一个"翻译"的作用，他们能够将政策以更容易理解、更贴近实际的方式传达给村民，同时能将村民的意见、建议和诉求准确地反馈给决策层。这样，不仅可以减少信息的失真，还能使政策更具操作性和实施性。

（三）推进社区共建项目

推进社区共建项目有着深厚的现实意义。作为一个经济与社会正在快速发展的地方，"淘宝村"对公共设施和服务的需求也随之增长。在这种背景下，社区共建项目的落实不仅仅是为了满足村民的实际需求，更是一种对民主参与的鼓励。在这个过程中，每一个居民都可以发表自己的意见、提出自己的建议，甚至参与到实际的建设和管理中。这样，不仅可以调动民众的积极性，使其感到自己是社区发展的一部分，还可以促进民众之间的交流和合作，增强社区的凝聚力。

而且公共项目的社区共建还有助于提高项目的透明度和公信力，在这个过程中，项目的筹备、施工和管理都在大家的眼皮子底下进行，很难存在不透明、不公正的情况。这样，可以避免一些因为信息不对称而产生的矛盾和冲突，确保项目的顺利进行。与此同时，公共项目的社区共建还有助于资源的合理分配和利用。淘宝村有着丰富的资源，包括人力、物力和财力。在社区共建的过程中，可以充分调动这些资源，使其在最合适的地方发挥最大的效益。而不是像传统的方式，往往会因为缺乏了解和沟通，导致资源的浪费和冲突。鼓励公共项目的社区共建还有助于提高淘宝村的品牌形象和影响力，因为一个能够真正做到民主参与、公开透明的地方，必然会得到外界的关注和赞誉。这对于淘宝村的长远发展，无疑是有益的。

四、强化资源与环境协同

(一) 推广循环经济

在当前的文化背景下,随着人们对于传统文化的重新关注与普遍认同,汉服已经从一个小众爱好变成了广泛的文化现象。而演出服装作为舞台上的重要元素,同样承载着丰富的文化内涵和艺术价值。将这两者纳入循环经济的视野中,意味着借助这两个产业将传统的手工技艺、本地的文化资源与现代的循环经济理念相结合。具体到鲁西"淘宝村",其可以引入循环经济理念,进一步开展相关的生产与经营活动。例如,"淘宝村"可以鼓励本地手工艺人生产高质量的汉服,注重服装的材质、工艺以及对环境的影响。在生产过程中,手工艺人可以尽量选择环保的原料,减少废弃物的产生,并对产生的废弃物进行合理的处理和再利用。淘宝村还可以建立一个汉服与演出服装的展示交流中心。这不仅可以吸引外地游客来村里参观购买,还可以为本地居民提供一个交流与学习的平台,培养更多的手工艺人和设计师。不可否认的一点是,随着汉服和演出服装的普及,对于这两种服装的清洗与修复也成为一个不可忽视的方面。"淘宝村"可以建立专门的清洗与修复中心,为居民提供相关的服务,并且采用环保的材料与技术,确保在清洗与修复过程中,既可以延长服装的使用寿命,又不会给环境造成过多的压力。

(二) 合理配置资源

在"淘宝村"的转型发展过程中,汉服产业和演出服产业的兴起为资源与环境的协同提供了契机。借助这两大产业,"淘宝村"可以实现资源的合理配置,进一步强化资源与环境的协同。其中,汉服与演出服的原料采购可以共享。例如,村里可以建立统一的原料采购平台,为村民提供高质量的布料、饰品等原料。这样既可以降低采购成本,又可以确保原料的质量。此外,共享原料库存还可以减少浪费,确保资源的合理使用。在制作工艺上,淘宝村可以组织技能培训,使村民掌握汉服与演出服的制作技巧。这样，当村民有订单时，他们可以相互合作，共享技术和设备，提高生产效率。对于成品，可以建立统一的展示和销售平台，如线下的展销中心或线上的电商平台。这样，不仅可以展示村民的作品，还可以减少市场推广的成本，提高村民的收入。

五、建立反馈与调整机制

（一）动态评估

动态评估意味着村民和相关部门需要定期检查资源利用的情况，以及环境的状况。例如，村民和相关部门可以通过各种手段收集村内外的汉服和演出服的销售数据、库存情况、生产中的耗材和废弃物处理情况等，同时对村内的环境进行检测，如水质、空气质量、土壤情况等。这些数据显示了汉服产业和演出服产业的资源利用效率。例如，如果某一款汉服的销量下降，但生产仍在继续，这就意味着可能存在资源浪费的情况。反之，如果某一款汉服的销量上升，但生产未能跟上，这就可能导致供应短缺的情况。在这种情况下，"淘宝村"要及时进行资源再配置，确保资源得到最大化利用。对于那些在生产过程中产生的废弃物，也要进行合理的处理。例如，染色过程中产生的废水，如果直接排放，可能会对村内的水源造成污染。因此，"淘宝村"要引入相应的处理设备，确保废水经过处理后再排放，或者采用环保染料，减少对环境的影响。

（二）科研支撑

"淘宝村"可以与大学、研究所等科研机构建立合作关系，引入最新的科研成果和技术，为乡村治理提供强大的技术支撑。具体而言，"淘宝村"可以组织一些与汉服和演出服相关的技术研讨会，邀请业内专家和学者共同探讨如何利用最新的技术提高产业的资源利用效率。此外，"淘宝村"还可以与科研机构合作，开展一些针对性的研究项目，如如何利用新型材料提高汉服的舒适性和耐用性，以及如何开发新型的生产工艺，减少废弃物的产生。在这里，"淘宝村"还可以建立反馈机制，可以定期对其引入的技术和科研成果进行评估，看看它们在实际应用中的效果如何，是否真正达到了资源与环境协同的目标。根据这些反馈信息，"淘宝村"可以及时调整治理策略，确保技术与科研的支撑能够真正发挥作用，为汉服产业和演出服产业的持续发展提供保障。

（三）危机预警

危机预警并不仅仅是对环境和资源风险的预测，更是对整个乡村治理结构的一种优化。这要求"淘宝村"建立一个有效的数据收集和分析系统，对各种环境和资源数据进行实时监控。例如，在生产过程中，"淘宝村"可以利用传感器技术，监测污染物的排放情况、水资源的利用率等，从而及时发现超出标准的情况。同时，针对汉服产业和演出服产业，"淘宝村"应考虑市场需求的波动、原材料价格的变动等因素，以及这些因素可能对资源和环境产生的间接影响。当然，仅建立预警机制还不够，更重要的是如何在发现问题后，迅速采取有效的应对策略。这需要淘宝村在治理结构中，形成一个灵活的决策机制，确保在面对危机时，能够迅速做出反应。例如，在面对资源短缺的情况下，"淘宝村"可以调整生产策略，使用替代原料等；在环境风险增加时，"淘宝村"可以加强环境保护措施，如增设污水处理设施、加大环境监控力度等。

第二节 统一行动框架,做好乡村治理转型升级的规划

一、立足区域,线上线下整合的产业体系

"淘宝村"的兴起不仅仅是电子商务的一个现象,更是乡村振兴战略中的一颗璀璨明珠。这种模式通过促进地方经济的增长,为农村地区带来了前所未有的机遇。为了确保这些村落不仅能够在短期内兴旺,还能够在长期内持续发展,产业的规划和布局必须引起重视。这意味着乡村规划者需要在制定发展战略时,考虑产业的多样化和特色化,以免陷入同质化竞争的陷阱。一是从区域广度的角度出发,策略应旨在拓展新的市场机遇,通过引入新的产业或者优化现有产业链,增强整个区域的经济活力。这样不仅能够帮助"淘宝村"吸引更广泛的客户基础,还能提升其在更大范围内的竞争力。二是从地方深度的角度考虑,乡村规划者需深挖当地资源和优势,发展具有地方特色的产业。这种做法不仅能够巩固"淘宝村"的市场地位,更重要的是,能够为当地居民创造更多的就业机会,提高他们的生活质量。通过这样的策略,"淘宝村"能够在保持经济增长的同时,促进社会和谐与环境可持续发展。

(一)区域视角下的乡村产业整合

在探讨乡村产业整合的过程中,对电子商务在乡村发展的具体影响

和潜力进行分析至关重要①。电子商务在乡村的扩展通常会在特定区域内快速增长，从而形成以淘宝为代表的产业集群，其中大集镇便是显著的例证。这种现象提示了乡村规划在制订时需精确识别并利用乡村在区域内的特定角色，以定位其发展方向。考虑到乡村在区域中的不同位置和作用，规划应当灵活多变。对于那些处于区域核心并拥有强大电商产业基础的乡村，规划应注重提供支持产业升级的空间布局和服务功能（图6-1）。这包括但不限于生产配套设施、设计与检测服务、教育培训机构、金融服务、文化娱乐活动以及旅游体验项目。这种综合服务功能的引入旨在克服乡村电子商务业态普遍面临的小规模、分散式发展困境，促使地区的整体发展实力得到显著提升。对于那些位于区域边缘或仅承担有限区域产业分工的乡村，规划重点应转向如何有效满足主导产业需求，同时寻求与更广泛区域产业的衔接。这涉及是否存在机会延伸产业链、承担更多的职能分工的可能性。这种分层次、多角度的规划允许每个乡村根据其地理位置、产业基础和区域内的职能角色，制定适合自身条件的发展策略。不仅促进了乡村自身的经济增长和产业升级，还有助于形成互补互利的区域产业网络，增强整个区域的经济活力和竞争力。

---

① 单建树, 罗震东. 集聚与裂变：淘宝村、镇空间分布特征与演化趋势研究[J]. 上海城市规划, 2017 (2): 98-104.

第七章 鲁西崛起背景下"淘宝村"转型发展中的乡村治理路径

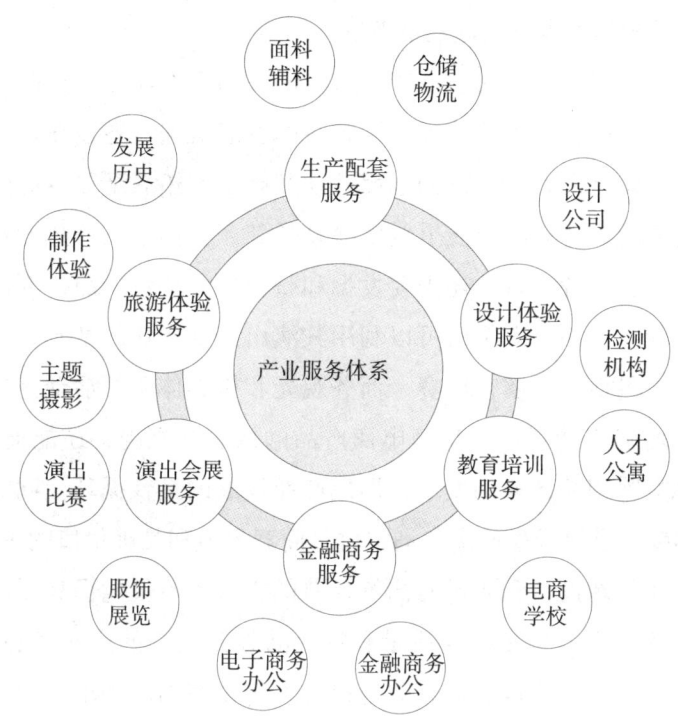

图 6-1 综合产业服务体系要素

（二）地方产业线上线下的连通延伸

电子商务，尤其是以"淘宝村"为代表的乡村电商，已经成为推动农村经济现代化的重要力量。这种模式不仅促进了地方产品的全国乃至全球销售，也为乡村带来了创新和发展的新机遇。然而，当前乡村电商发展中存在的一个显著挑战是过度依赖在线交易这一单一模式。这种偏重线上销售的策略虽然在初期可以迅速占领市场，但长期来看可能导致产业同质化严重、市场竞争激烈，不利于产业的可持续发展。价格战成为常态，进一步压缩了经营者的利润空间，影响了产业发展的稳定性。因此，对乡村电商而言，实现产业转型升级，构建一个以电子商务为核心，同时将线上与线下资源有效联动的新型产业体系尤为关键。这种体系不仅能够增强市场的应对能力，降低业务运营风险，还能通过创新服务和产品满足消费者更广泛的消费需求。

鲁西南"淘宝村"的主营产品为演出服饰，不仅在全国范围内获得了一定的知名度，也为该镇提供了独特的发展机遇。通过充分利用这一优势，大集镇有潜力在现有的电商活动基础上，拓展至更广泛的产业联动和创新活动。建立一个线上线下联动的新产业体系，意味着不仅要强化现有的电子商务平台，还需要发掘和整合地方特色资源，创造多元化的消费体验。例如，大集镇可以利用其演出服饰产业的基础，开发特色主题旅游，包括儿童演艺比赛、商务观光和摄影体验等活动。这些活动不仅能够增强消费者对大集镇电商产品的认识和兴趣，还能促进旅游、餐饮、住宿等相关产业的发展，形成产业发展的良性循环。同时，产业的前后端延伸是提升鲁西南"淘宝村"商竞争力和品牌价值的重要途径。通过加大在创新设计和质量检测等环节的投入，不仅能提高产品的市场竞争力，还能帮助构建以高质量和特色品牌为核心的产业发展新模式。这样的高质量发展战略能够有效地提升大集镇在国内外市场的知名度和影响力。然而，面对电子商务领域的快速变化和复杂性，鲁西南"淘宝村"的规划和实施过程中必须采取灵活和差异化的策略。这意味着，大集镇在规划产业体系和发展重点时，必须充分考虑地区的特点和优势，以及市场需求的变化。每个地区和产业的具体情况都有其独特性，因此，发展策略必须基于深入的市场分析和实际情况来制定，以确保所采取的措施既能够满足当前的市场需求，又能够长期持续发展。除此之外，鲁西南"淘宝村"在推动电子商务及相关产业发展的过程中，还需要考虑社会、经济和环境的可持续性。这包括促进当地就业、保护和利用自然资源，以及通过技术和创新促进环境保护。综合考虑这些因素，不仅能够确保产业发展带来的是长期的、全面的好处，还能够帮助构建一个更加繁荣、公平和绿色的社会。

二、自下而上，需求导向下的规划

乡村规划的真谛在于促进乡村的全面发展，确保这一进程既反映了村民的实际需要，又适应了当地发展的具体条件。这要求规划者深刻理解各地乡村发展的独特背景，从而制定出既符合村民愿望又能推动乡村发展的策略。这种策略的核心是确保规划活动能够在解决发展难题的同时，增进村民的福祉。针对"淘宝村"这一特殊的乡村电商现象，规划的任务变得更加复杂和多元。"淘宝村"的兴起不仅仅改变了乡村的经济结构，也在很大程度上触动了社会和文化层面，引发了村民对权利的重新认识和对多元化利益的追求。因此，"淘宝村"的规划不应该仅仅停留在传统的空间布局上，更应该是一种全方位的、针对性的策略部署，旨在满足村民日益增长的需求和期望。这种规划方式强调一种自下而上的需求导向路径，即规划不是由上至下强加于村民的，而是基于对村民真实需求的深入了解和精准把握。在这一过程中，村民的主体意识得到充分尊重，他们的利益诉求成为规划的出发点和落脚点。

（一）目标人群的划分及需求分析

乡村电商的崛起正改写着传统乡村的角色和定位，将乡村逐渐变成一个能够集聚人才、资本和信息的区域新核心。这不仅为乡村经济的复兴提供了新的动力，也为乡村规划带来了新的机遇与挑战。在这个过程中，对于未来乡村可能吸引并容纳的目标人群进行精确的划分和需求分析显得极为关键（图 6-2）。这一策略意味着乡村规划必须从细致入微的角度出发，确保能够充分理解并满足不同人群的需求和期望，从而促进一个更加包容和动态的社区发展。

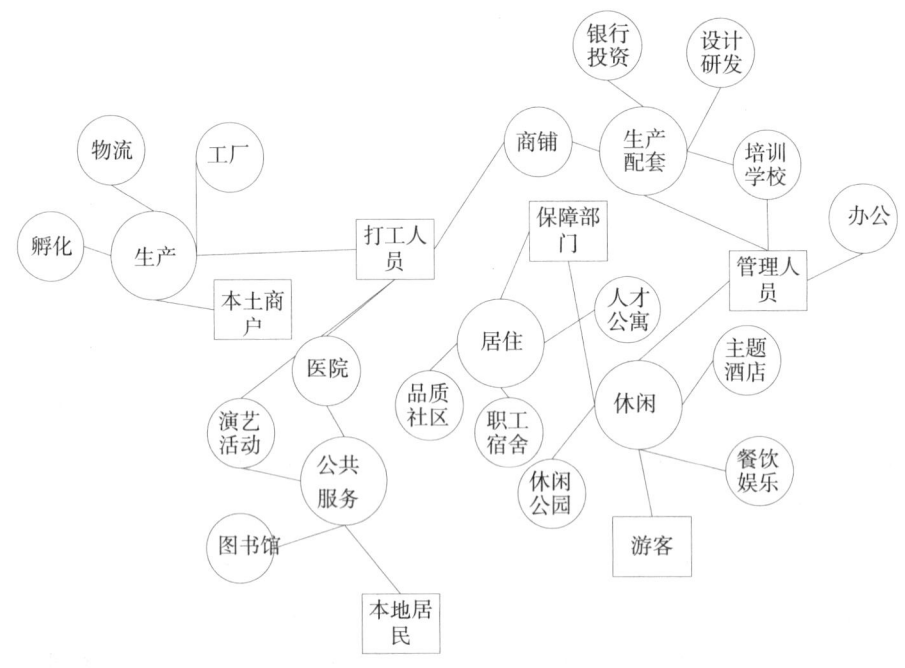

图 6-2 不同人群的空间与服务需求

对于如鲁西南"淘宝村"这样的地区来说，其未来的发展潜力依赖对即将涌入的不同群体及其需求的深刻理解和精准规划。乡村规划面临的挑战在于如何合理划分并满足这些多元化的群体需求，其中包括电商商户、一般居民、外来务工人员及游客等，每个群体在生产和生活方面有着不同的期望和需求。例如，本地商户追求的是能够支持他们生产和销售扩张的空间，这包括足够的仓储设施和便捷的物流服务。对于外来商户而言，他们不仅需要有利于创业的生产和销售空间，还期望能够解决其居住问题，以减少生活成本和提高生活质量。务工人员对就业机会的需求更为多样，他们普遍希望乡村能提供从工厂到门店、商业服务等各种就业机会。游客多期待有独特的参观考察体验，包括优美的自然环境和丰富多彩的活动，这不仅能够丰富他们的旅行体验，也是乡村经济发展的另一重要驱动力。对于一般居民，关注点主要集中在公共服务的品质上，期望通过乡村电商的发展，享受到更高标准的教育、医疗和娱乐等服务。而对于更高端的商务研发人员和管理人员，他们对居住环境和公共服务设施的要求更为严格，希望能有符合其社会地位和生活品质的居住条件和服务配套。

(二) 空间功能划分与服务配套

在深入研究和理解了鲁西南"淘宝村"等地区不同目标人群的需求之后，进一步的规划中显现出了四类关键的空间功能需求。这些空间功能的设计和规划，旨在满足当地居民和电商从业者的实际需求，同时吸引更多的外来人才和游客，推动乡村经济的多元化和持续发展。对于电商从业者而言，创意设计、服装制造、小微企业孵化等活动是其生产活动不可或缺的一部分。因此，提供能够满足这些活动需求的专门空间尤为重要。这包括不同功能类型厂房的集中供给，旨在为电商产业提供高效、便捷的生产活动空间。这样的空间布局不仅能够促进产品的创新和品质提升，还能够为小微企业提供成长和发展的良好环境。之后就是生产服务空间，这类空间与生产活动紧密相关，涵盖物流仓储、辅料销售、教育培训、商务金融、商贸会展、质量检测等功能。这些服务空间对于电商产业的转型升级至关重要，不仅能够满足电商发展各环节中的服务需求，还能够有效吸引和聚集外来人才，促进产业的创新和发展。另外，要实现乡村的可持续发展，必须为居民提供满足其基本生活需求的空间和服务，如商业休闲、居住社区等功能区域。这样的生活服务空间是留住人口、防止"反留守"现象的关键。特别是对于那些从城市迁入乡村的人群，提供现代化的服务设施是吸引和留住居民的重要因素。旅游体验空间是基于旅游人群的需求而设计的，包括商旅体验、文化体验、节庆演艺体验等。将电商产业与旅游体验相结合，不仅可以丰富游客的旅游体验，还能够将电商产业的魅力展现给更广泛的人群。这种空间安排可以作为乡村转型发展的触媒，促进乡村经济和文化的多元化发展。

（三）微观空间精细化打造

乡村规划的本质在于其能够为乡村发展提供直接的实施指南，这意味着在空间规划和安排方面需要注重细节，采取一种自下而上的方法进行微观建筑设计。这样的方法不仅确保了规划的可操作性，也极大地提升了其实用性。在实践中，规划师必须深入了解和考虑乡村社区的具体需求和特点，包括当地居民的生活习惯、文化背景以及经济活动等各方面（图6-3）。通过这种方式，规划师能够更加了解乡村的实际情况，从而制订出既符合乡村发展目标又能够被当地居民接受和支持的规划。

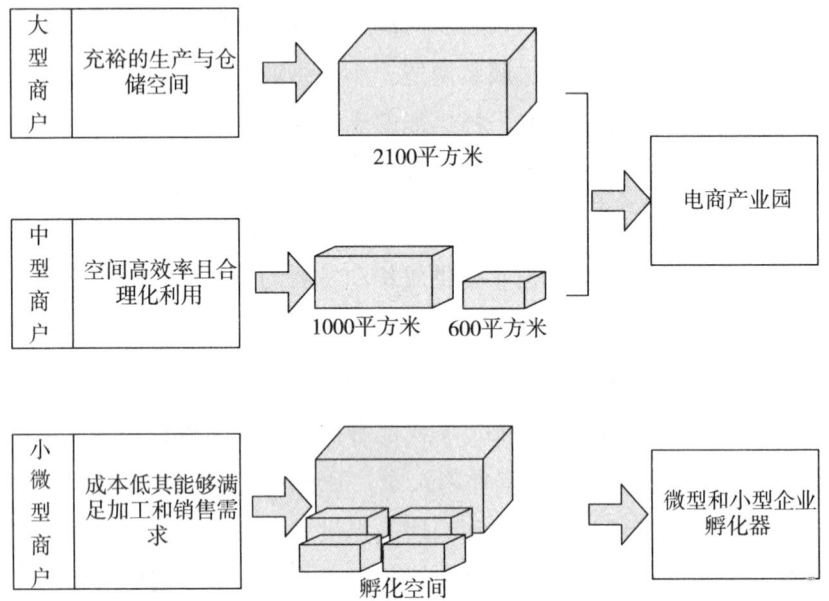

图6-3 差异化视角下的商户需求建筑空间形式示意图

针对"淘宝村"，生产空间的安排是最能吸引电商从业者参与的一个环节。引入灵活的产业空间类型，具体可分为固定式产业空间和灵活式产业空间。固定式产业空间主要针对那些有长期稳定发展需求的电商企业，需要较大、固定的生产和仓储空间。灵活式产业空间则更适合初创期或需求多变的电商从业者，这类空间可以通过租赁等方式提供，允许企业根据业务发展的实际需求调整空间大小和使用期限,从而大大降低了电商从业者的运营风险和初始投入。模块化建筑则允许空间按模块进行增加或减少,其灵活性和可扩展性能够有效地适应电商从业者在不同发展阶段的空间需求。此外,模块化建筑还能快速适应技术进步带来的生产方式变化,确保空间设计长期适用。在规划生产空间时,规划师还要尊重本地村民的生产生活习惯。这意味着在设计和实施生产空间规划时,应当与当地社区充分沟通,确保新建设施能够和谐地融入乡村的社会和文化环境中。例如,规划师可以设计一些多功能空间,既能满足电商从业者的生产需求,又能为村民提供休闲娱乐、社区聚会等生活服务设施。此外,生产空间的规划和建设应采取可持续发展的理念,考虑环境保护和资源有效利用。使用绿色建筑材料、采用节能设计和引入清洁能源等措施,可以最大限度地减少生产活动对环境的影响,同时为电商企业和村民创造一个更加健康舒适的生产和生活环境。

在"淘宝村"这样的电商集聚地区,生产空间的优化安排对于吸引和留住电商从业者至关重要。具体而言,产业空间类型的划分主要包括固定型产业空间和灵活型产业空间。固定型产业空间适用于那些业务相对稳定,对空间需求预测明确的电商从业者。这样的空间能够提供长期稳定的生产环境,适合成熟电商企业或需要大规模生产的业务。相反,灵活型产业空间则更适合处于快速变化或创业初期的电商从业者。这种空间类型提供了租赁选项,允许企业根据实际需求调整空间大小,在很大程度上降低了初创企业的门槛和风险,提高了空间的利用率。模块化建筑形式则是根据电商从业者的具体需求灵活设计生产空间的创新方式。模块化设计允许生产空间以模块为单位进行快速组合或拆分,提供了极高的空间使用灵活性。这种建筑形式不仅适用于不同规模和阶段的电商从业者,也便于未来根据技术进步或业务模式变化进行空间重组。另外,这种生产空间规划还尊重了本地村民的生产生活习惯。通过整合村民的知识和经验,规划师可以设计出既能满足电商发展需求,又能融入当地社会文化环境的生产空间,实现了电商发展与乡村振兴的双赢。

三、上下联动,动态创新规划方式

乡村规划在构建各利益团体之间的"共识"平台方面发挥着至关重要的作用,这一过程的成功不仅依赖规划师的专业知识和能力,还深受整个规划过程中参与度和透明度的影响[1]。特别是在乡村电商迅速发展的当下,规划方式必须向更加民主和包容的方向延伸。民主化的规划进程强调了自下而上的参与机制,即让乡村社区的成员直接参与到规划的讨论、决策和实施过程中。这种方式能够更好地体现公共利益,因为它使得规划过程更加透明,确保了各方利益的平衡。通过这种方式,乡村规划不仅能够获得更广泛的社会支持和认可,还能增强乡村社区的凝聚力和集体行动的能力。

(一)引导村民主动提出规划诉求

2015年,住房和城乡建设部发布的《关于改革创新、全面有效推进乡村规划工作的指导意见》标志着中国乡村规划工作向更加民主、参与式的方向迈进了一大步。该指导意见的核心在于强调了村民在乡村规划过程中的主体地位,并提出了建立以村民委员会为主体的村庄规划编制机制的重要性。这一转变的背后是对过去乡村规划实践中存在问题的深刻反思[2](图6-4)。鼓励和引导村民以主人翁的意识和态度参与到村庄规划编制中,不仅能够确保规划工作更加贴合乡村的实际需求,还能促进村民对乡村发展的积极参与和贡献。这种参与式的规划方式是对传统自上而下编制路径的重要补充和改进,旨在建立更多的村民规划参与渠道,提高村民的参与度,从而实现真正意义上的"精准规划"。然而,乡村规划的这种转型并非毫无挑战。一方面,如何有效地动员、组织和引导

---

[1] 石楠.试论城市规划中的公共利益[J].城市规划,2004(6):20-31.
[2] 张尚武.乡村规划:特点与难点[J].城市规划,2014(2):17-21.

第七章 鲁西崛起背景下"淘宝村"转型发展中的乡村治理路径

村民参与规划,尤其是在信息不对称、教育水平参差不齐的乡村环境中,需要具体的策略和方法;另一方面,政府与村民之间的协作机制也需要进一步明确和优化,确保政府的支持和引导既能够发挥作用,又不会干预村民自主参与规划的权利和过程。

具体而言,乡村规划的这种转型应在五个方面提起高度重视:一是加强村民规划教育和培训,通过举办规划知识和技能培训班,提高村民对规划的理解和参与能力,使村民能够更有效地表达自己的需求和意见;二是建立开放透明的沟通平台,利用现代信息技术手段,如社交媒体、在线论坛等,建立村民、规划师和政府之间的沟通平台,保证信息的公开透明和双向流通;三是实施小规模试点项目,在部分乡村实施小规模的参与式规划试点项目,通过实践探索有效的村民参与机制和模式,为更广泛的推广提供经验和借鉴;四是优化政府引导和支持机制,明确政府在乡村规划过程中的角色和职责,既要提供必要的政策、资金和技术支持,又要保证不干预村民的自主决策权。

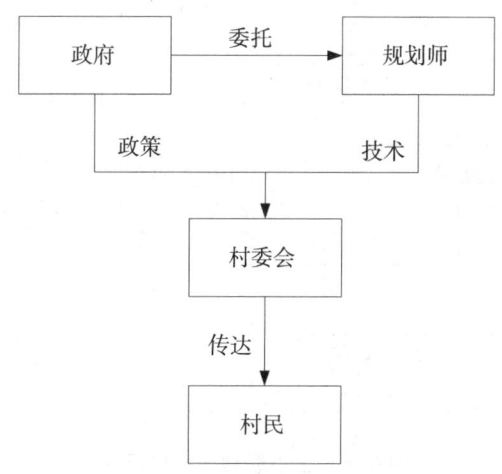

图 6-4 传统乡村规划编制

因此,在这种规划模式下,村民能够根据自身需求,在公共设施、文化空间、环境保护等方面提出议题,进一步将这些议题或规划需求传递给村委会。为了有效进行规划编制中的利益对接,组建由村民代表组成的乡村规划专设组织很有必要。这样的组织能够促进村民与村委会之间的沟通,同时向政府提出规划编制的申请。在获得政府的批准之后,就可以根据这一模式开展乡村规划,其中政府和规划师为乡村提供必要的政策、资金及技术支持,从而形成一个上下联动的创新规划方式(图6-5)。特别是对于像"淘宝村"这样面临大量复杂公共事务矛盾的乡村,这种规划方式能够更加有效地把握村民的实际需求,同时提升村民参与乡村治理的积极性。村民通过直接参与规划过程,不仅能够确保他们的需求和期望得到充分考虑,还能够在规划实施过程中提供更多的地方知识和资源,为乡村发展注入新的活力。同时,这种模式有助于缓解政府与村民之间的信息不对称问题,避免规划与乡村基本需求脱节的现象发生,确保规划的"精准性"。这样不仅有利于乡村社会的和谐稳定,还能够为乡村振兴提供坚实的社会基础。

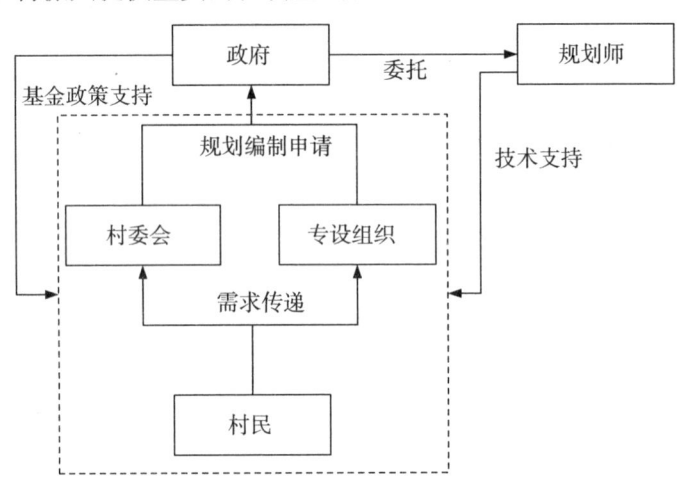

图6-5 上下联动的乡村规划

(二)适应发展需要的动态式规划

"淘宝村"的兴起和快速发展挑战了传统乡村规划的有效性,凸显了对于一种能够紧跟乡村经济社会快速变迁步伐的新规划方法的需求。在这样的背景下，动态的规划方式的优势更加明显。与传统规划方法不同，动态规划方式强调规划的过程性和可调整性，能够根据乡村社会经济环境的实时变化进行相应的调整和优化。这种方法更加注重规划的实施和监测过程，通过持续的评估和反馈机制，确保规划内容能够及时响应乡村发展中出现的新需求、新挑战和新机遇。也就是说，动态规划方式是一个开放的、迭代的过程，可以随着时间的推移和条件的变化进行调整。这种规划方法允许乡村规划者和相关利益方在整个规划周期内持续参与，共同探索和应对乡村发展的不确定性和复杂性。通过动态规划，乡村规划者可以更好地捕捉和利用乡村发展的动态特性，为乡村带来更加符合其实际需求的发展方案。动态规划方式也要求规划者具备更高的灵活性和创新性，以及更强的协调和沟通能力。规划者需要准确捕捉乡村经济社会环境的快速变化，同时与乡村社区、政府机构、企业以及其他利益相关方保持密切的交流和合作，确保规划内容不仅科学合理，还具有广泛的社会基础和实施可能性。

  动态规划作为一种应对乡村发展不确定性问题的重要方法，与传统的静态规划截然不同。它不是将规划视为一次性的结果，而是把它看作一个持续的过程。这种方法强调规划的落地和实践性，旨在通过规划建设行为的协调性，更好地满足规划区域近期的需求，并在整个规划实施过程中保持高度的灵活性。在实践中，动态规划体现为"设计—评价—再设计—再评价"的循环前进过程[①]。这种方法强调通过定期的规划实施评价，根据村民的实际需求以及乡村发展中遇到的现实问题灵活调整规划内容。这不仅能够确保规划方案始终紧贴乡村的实际发展需求，还能提高乡村规划的适应性和有效性，从而更好地应对乡村发展中的不确定性和多变性。动态规划的核心特点在于其强调的是规划的实施和执行过程，而非单一的规划成果。这种过程性的规划方法要求规划师和相关决

---

① 袁敬诚，陈石，赵曼彤. 辽东湾新区动态规划探索[J]. 规划师，2016(7):52-57.

策者持续关注乡村发展的动态变化,以及这些变化对规划实施的影响。通过定期的评价和反馈,动态规划能够及时捕捉乡村发展过程中的新趋势、新问题和新需求,从而进行适时的规划调整和优化。此外,动态规划还特别强调规划实施过程中的参与性,鼓励村民和其他利益相关方积极参与规划的设计、评价和再设计过程,以确保规划更加贴近乡村社区的实际需要和期望。这种参与性不仅能够增强乡村社区对规划方案的认同感和满意度,还能够提升乡村规划的透明度和公正性。在保持规划灵活性的同时,动态规划强调规划实施的协调性和连续性。这意味着在规划调整过程中,需要平衡各方利益,确保规划的连续性和整体性,避免因频繁调整导致的规划碎片化或方向性丧失。为此,动态规划需要建立有效的协调机制和沟通平台,确保所有参与方能够在规划实施过程中保持良好的互动和合作。

四、规则设计,乡村治理与规划的互动

乡村规划的过程与乡村治理的转型升级存在密切的互动关系,其中自下而上的乡村规划尤为关键。这种规划方式不仅涉及村民在乡村治理中的积极参与,还关乎如何通过这种参与推动乡村治理向更加开放、透明和民主的方向发展。乡村规划的编制和实施过程中的公众参与,以及建设实施中的配合与监督,可以为村民提供一个宝贵的平台,使村民成为乡村治理的积极参与者。通过建立更加开放和透明的沟通机制,鼓励和引导村民主动表达自己的需求和意见,乡村规划可以更加贴合村民的实际需求,同时能够促进村民对公共事务的关注和参与,培育村民的公共精神。

为了实现这一目标,乡村规划者需要采取一系列措施来促进村民的参与和乡村治理的转型升级:一是增强沟通渠道,通过定期召开村民大会、使用社交媒体平台、建立反馈机制等方式,保证信息的双向流动,使村民的声音能够被听见和考虑。二是大力开展教育和培训,提供关于

乡村规划和治理的教育和培训，增强村民的知识和能力，使他们能够更有效地参与到乡村治理中来。三是强化村民的决策权，在乡村规划和治理的关键环节中赋予村民更多的决策权，如通过投票等方式让村民直接参与重要决策。四是公众参与的机制创新，探索和实施更多创新的公众参与机制，如工作坊、公共论坛等，为村民提供直接参与规划和治理的机会。

良好的乡村规划对于管理乡村地区发展、保护生态环境、促进产业发展以及改善村民生活具有至关重要的作用。它不仅是一种有效的管理工具，更是实现公共利益最大化的社会契约和乡村治理纲领。在大集镇的案例中，基于公共利益最大化原则编制的乡村规划是一个统一的行动框架，有利于乡村集体行动和治理的有序进行。其间，乡村规划的成功实施依赖乡村内部共识的形成。这就要求规划过程中充分听取和尊重村民的意见和需求，通过开放和透明的沟通机制，鼓励村民参与规划讨论和决策过程，从而在规划初期就建立广泛的共识。这种共识不仅能够增强规划的执行力，还能够在遇到利益冲突时提供解决问题的基础。

为了让乡村规划真正服务乡村发展，赢得村民的认可和参与，规划师可以采取措施简化规划成果的表达方式，让规划内容对村民来说更加通俗易懂。其中，一种有效的方法是将复杂的技术性内容转化为村民容易理解的形式，如故事讲述、图画展示等。用村民的语言解释规划内容，甚至将规划成果以绘画的形式展示给村民看，这样可以极大地提升村民对规划的理解度和接受度。此外，制作乡村版的村民手册是另一种有效的做法。村民手册应当采用通俗易懂的语言和生动形象的插图来描述规划方案，强调规划对村民日常生活的具体影响以及乡村未来发展愿景。手册内容应涵盖规划的主要目标、重点项目、预期成效等方面，旨在通过直观、易懂的方式，增进村民对规划的理解和认同。

为了提升乡村规划在实际治理中的效力，需要通过将规划成果制度化及"法条化"，来确保其内容在公共决策中得以体现，从而形成乡村治理的共识。通过这种方式，乡村规划的公共政策属性得到强化，不仅能够为乡村发展提供明确的方向和标准，还能够有效引导村民的行为，确保乡村发展的有序进行。将乡村规划内容纳入"村规民约"，使之成为乡村社区共同遵循的规则或承诺，是规划成果制度化的一个重要步骤。这种做法能够明确村民在乡村发展中的权利与义务，有助于约束村民的行为，减少因盲目追求个人利益而对乡村发展造成的负面影响。例如，规划中关于生态保护、公共设施使用、土地利用等方面的内容，可以通过村规民约的形式明确规定，从而保障乡村发展的可持续性。此外，将乡村规划作为乡镇政府治理的重要纲领，纳入政府工作计划，也是规划成果制度化的重要环节。这可以提高乡村规划在政府决策中的地位，使其成为政府施政和村民监督的指导性文件（图6-6）。通过这种方式，乡村规划的各项目标和措施能够得到政府资源的支持，确保规划的有效实施。同时，这为村民提供了监督政府工作、参与乡村治理的依据，增强了政府工作的透明度和公信力。

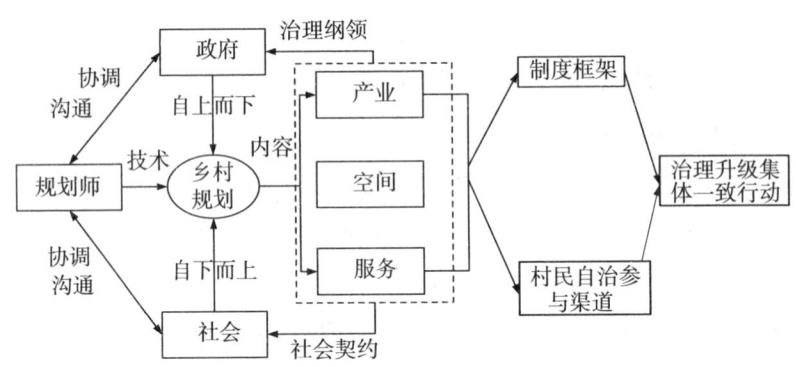

图6-6　乡村规划促进乡村治理升级机制

第三节 培养技术人才，强化"淘宝村"人才振兴举措

一、强化汉服产业和演出服产业的人才培训

（一）注重技能与文化相结合的培训

作为中华传统文化的重要组成部分，汉服和演出服承载着深厚的历史和文化价值。与此同时，作为淘宝村转型发展的重要产业，这两种产业如何获得长期发展成为"淘宝村"面临的一个核心问题。对此，强化技能培训显然是一个有效的策略，它不仅可以提高汉服产业和演出服产业的整体竞争力，还能帮助"淘宝村"培养和引进更多的技术人才，实现人才振兴。汉服和演出服并非单纯的商品，它们更是文化的载体。因此，任何想要在这两个产业中取得成功的人，都必须掌握相应的技能。这就需要"淘宝村"在培训人才的过程中，注重技能与文化的结合，对参训者进行传统文化的深入教育，如深入研究古代的服饰文化，了解各个朝代的特色和风格，以确保每一个培训出来的人才都能够真正理解和掌握汉服和演出服的文化内涵。这样可以帮助设计师和制作人员在设计和制作过程中更好地融入传统元素。而对于那些已经具备一定基础的设计师和制作人员，"淘宝村"还可以为他们提供一些高级培训课程，如高级裁缝技术、传统手工艺技术等，使他们的技能得到进一步的提高。

（二）定期组织技能比赛

鲁西"淘宝村"在经历了一轮互联网经济的高潮后，逐渐认识到持续发展的核心在于产业的深化和专业化。而汉服与演出服作为具有深厚

文化底蕴的产业，正是"淘宝村"转型升级的优选方向。强化技能培训，配合相关的活动，如技能比赛，可以为淘宝村的人才振兴筑起坚实的基石。定期组织技能比赛，这种方式有其独特的优势。在比赛中，每位参赛者都是在同等条件下展示自己的技能和创意的，这种健康的竞争环境会催生更多的创新。而对于淘宝村这样一个聚集了大量手工艺人和设计师的社区来说，技能比赛更是一个展现自我、提高自我的好机会。每一次比赛都是一个学习、交流和进步的过程。通过比赛，村民可以了解自己具备的技能，也可以从其他参赛者那里学到新的设计理念和技能。

二、引进行业专家

（一）提供前沿策略

引进行业专家意味着为淘宝村拥有了一个宝贵的资源库。这些专家大多经历过市场的风风雨雨，对于汉服与演出服的趋势有着敏锐的洞察力。他们不仅能够把握消费者的需求变化，还能为淘宝村提供创新的设计思路，帮助淘宝村站在时尚的前沿。比如，市场营销策略就是行业专家为淘宝村带来的宝贵资产。在电商市场的激烈竞争中，如何让自己的品牌在众多的品牌中脱颖而出，成为消费者心中的第一选择，是每一个商家追求的目标。行业专家凭借多年的市场经验，能为淘宝村提供有效的市场营销策略，帮助村庄扩大品牌知名度，扩大市场份额。当然，仅仅引进行业专家是不够的。淘宝村还需要构建一个开放、包容的环境，让这些专家能够充分发挥他们的专长，与村民进行深入的交流与合作。只有这样，淘宝村才能真正实现人才振兴，拥有更广阔的发展前景。

（二）打造与外界的桥梁

引入行业专家为村庄带来的创新不仅仅局限于知识和技术上的更新。这些专家长时间在行业内深耕，累积了丰富的经验和广泛的人脉，他们带给淘宝村的是一个全新的资源体系和合作网络。而与外部机构、公司和设计师的合作关系能为淘宝村提供巨大的战略优势。想象一下，当淘宝村的汉服和演出服可以与知名的设计师或品牌合作时，那么其产品的影响力、品质和市场认知度将得到极大的提升。这样的合作不仅能使产品更具市场竞争力，还能吸引更多的消费者目光，从而带动销售。例如，淘宝村与某个电商平台建立合作关系，可以拓展在线销售渠道；与投资机构合作，可以获得资金支持，进行业务拓展；与知名的服装生产企业合作，可以提升产品质量和生产效率。这一切都离不开行业专家这一桥梁。在行业专家的协助下，淘宝村可以更快地与外部世界建立联系，更高效地开展合作，从而实现更快速的发展。

（三）搭建反馈与评估机制

在当今这个信息爆炸的时代，持续创新是任何行业、企业或社区持续发展的关键。鲁西"淘宝村"在电商领域已有一定的知名度，但要想保持其优势并进一步发展，就必须确保其在汉服产业和演出服产业中的产品和服务始终处于最佳状态。此时，建立一个完善的反馈与评估机制尤为关键。而有了行业专家的支持和参与，这一机制将更加完善和高效。行业专家凭借丰富的经验和专业知识，可以为淘宝村提供更加精准和专业的评估。其间，不仅可以评估产品的质量、设计和工艺，还可以从市场营销、品牌建设、供应链管理等多个方面为淘宝村提供专业意见。这样的评估并不局限于表面，而是深入产品和服务的每一个环节，确保淘宝村在各个方面达到最佳状态。

此外，完善的反馈与评估机制还可以为淘宝村提供一个与外部世界交流的窗口。通过这个机制，淘宝村不仅可以听取行业专家的意见，还可以及时获取市场上的反馈，了解消费者的真实需求和意见。这样，淘宝村就可以根据市场的变化及时调整自己的战略，保持自己的竞争力。

三、与高校、研究机构建立合作

（一）资源共享与技能交流

在经济高速发展的大背景下，与高校和研究机构建立深入合作已经成为许多地区和企业推动自身持续创新的关键策略。对于鲁西淘宝村来说，这一合作模式对其在汉服产业和演出服产业中的转型与升级尤为关键。其中，资源共享与技能交流是合作的首要层面。从淘宝村的角度来看，与高校和研究机构的合作可以让它获得先进的科研资源、高效的实验设备以及丰富的图书资料，这为淘宝村的创新研发工作提供了有力支持。例如，在汉服设计方面，淘宝村的设计师可以借助学院的资料库，深入研究古代服饰文化，从中汲取灵感，创作出更加独特且符合市场趋势的汉服；在演出服的制作工艺上，高校和研究机构的实验室可以为淘宝村提供更为先进的材料测试，使得演出服的品质和舒适度得到显著提升。而从高校和研究机构的角度来看，与淘宝村的合作也为它们带来实实在在的好处。首先，学生和研究人员可以直接走进淘宝村，进行实地考察和研究，这样既可以增强他们的实践经验，又可以更好地将理论知识应用于实践。例如，服装设计专业的学生可以亲自参与淘宝村的汉服和演出服的设计工作，将自己学到的理论知识付诸实践，收获宝贵的设计经验。此外，高校和研究机构也可以通过这种合作方式，了解市场的最新需求和变化，为后续的教学和研究工作提供方向。

（二）培养专业人才

不可否认，高校具备丰富的教育资源和专业的教学团队，研究机构则有着深厚的技术研究背景。通过与这些机构的合作，淘宝村可以实现以下目标：一是培训和教育项目的定制化。不同于通常的大众培训，高校可以为淘宝村定制专门的教育培训项目。例如，高校可以开设专门针对汉服设计、演出服制作的短期培训班，邀请业内资深的专家和教授授课，确保培训的针对性和实效性。二是系统性的技能培训。高校和研究机构可以为村民提供系统性的技能培训，覆盖从设计思维、素材选择到生产工艺的各个环节。同时，高校可以对村民进行电商运营、市场策略等方面的培训，帮助淘宝村更好地开展线上业务，提升市场竞争力。三是产学研结合的实践机会。除了理论知识的学习，实践也是培养专业技

第七章 鲁西崛起背景下"淘宝村"转型发展中的乡村治理路径

能的关键。高校和研究机构可以组织学生到淘宝村进行实地考察、实习,与村民一起参与汉服和演出服的设计和制作,从实际操作中深化其对相关技能的掌握。四是村民的终身学习。技能的培训不是一次性的,随着市场的变化和技术的进步,村民也需要不断地更新知识和技能。鉴于此,高校和研究机构可以为村民提供持续的学习机会,确保他们始终走在行业的前沿。

(三)技术研发与创新

技术研发与创新并不只针对那些高深莫测的科技产品。对于淘宝村而言,这意味着运用新的材料、新的工艺、新的设计思路,来制作既传统又时尚、既环保又舒适的汉服产品。高校和研究机构恰恰拥有大量的科研设备、先进的技术,以及丰富的研发经验。淘宝村可以借助这些资源,与其建立长期的合作关系,共同开展技术研发与创新。例如,淘宝村可以与高校的服装设计系、材料科学系、市场营销系等建立合作,共同进行材料的选择、样品的设计、市场的调研等工作,确保淘宝村生产的汉服既有传统的韵味又有现代的感觉,能够满足不同消费者的需求。演出服也不例外,作为一种用于舞台、影视、演唱会等表演场合的特殊服饰,其设计和制作要求非常高,不仅需要制作者拥有精湛的手工技艺,还需要大量的新技术和新材料加持。例如,运用LED灯、光纤、智能芯片等技术,将演出服做得既炫酷又安全,这都是淘宝村需要研发和创新的方向。

四、创新人才激励机制

(一)定向奖学金与资助项目

在如今的互联网时代,淘宝村凭借汉服产业和演出服产业的独特优势,有机会成为时尚和文化的交融点。然而,要实现这一目标,关键在于人才。在吸引和培养人才方面,有效的激励机制必不可少。定向奖学金与资助项目就是吸引人才的重要策略。设立这样的项目,目的在于为有志于汉服与演出服设计、制作与营销的学生或专家提供资金支持，鼓励他们发掘出更多关于汉服与演出服的新颖设计和制作技巧。

除了直接的经济支持，定向奖学金与资助项目还可以为受助者提供一个与行业内部的专家进行交流和合作的机会。对于淘宝村而言，汉服产业和演出服产业就是这样一个充满机会的领域，其定向奖学金与资助项目可以具体为以下几项：设立"淘宝村文化与设计奖学金"，资助在汉服与演出服设计方面有所成就的学生；启动"淘宝村创新工坊"项目，资助有才华的手工艺人或设计师，便于他们设立工作室，进行创作与交流。

（二）股权激励与分红制度

人才是产业发展的核心驱动力，而如何有效地留住人才和激发人才的积极性是每个产业或企业必须思考并解决的现实问题。对于淘宝村而言，作为一个转型发展中的区域，需要有策略地吸引和留住技术人才，推进汉服产业和演出服产业的稳健发展。股权激励与分红制度是较为有效的策略。股权激励作为一种现代企业管理的方法，在全球范围内得到了广泛应用。提供股权激励意味着赋予关键人才对企业或项目的所有权的一部分，让他们成为真正的参与者和建设者，而不仅仅是雇员。这种机制的优势在于，它直接将个人的利益与企业或项目的利益紧密结合起来。当淘宝村的汉服和演出服业务获得成功，每一个持有股权的人都会从中受益。分红制度也是一种有效的奖励机制。当企业或项目获得盈利时，参与者可以按照既定的比例获得利润。这种制度不仅可以立即奖励那些为企业带来盈利的员工，还可以鼓励他们在未来持续为企业创造更多的价值。

将这两种激励机制应用到淘宝村的汉服产业和演出服产业中，具有以下几点显著的优势：一是激发积极性。当人们知道他们的努力会为自己带来直接的经济回报时，他们的工作积极性和创新意愿会大大提高。二是吸引和留住人才。通过提供具有吸引力的奖励制度，淘宝村可以更容易地吸引和留住技术人才。三是实现共赢。员工得到了他们应得的回报,而淘宝村也得到了稳定的业务发展和高质量的产品。对于如何具体实施股权激励,淘宝村可以采取以下方式:设立一个清晰的评价标准,以确定哪些员工有资格获得股权激励;建立一个长期的激励计划,确保员工在一段时间内可以从中受益;定期评估和调整奖励制度,确保它始终与市场和企业的实际情况相匹配。对于分红制度,淘宝村可以设立一个固定的分红比例,或者根据企业的实际盈利情况进行调整。

(三)生活环境与工作环境的优化

人才作为一个地区发展的核心动力,其工作热情、积极性和满意度往往受到生活环境和工作环境的直接影响。无论多么出色的职业,如果缺乏适宜的生活环境和工作环境,人才的稳定性和长期忠诚度都会大打折扣。因此,为人才创造一个舒适、充满活力和满足其工作环境,是确保淘宝村在汉服产业和演出服产业中的领先地位不可或缺的一步。例如,淘宝村可以设置专门的展示区域,用于展示最新的汉服和演出服,鼓励人才之间的交流和合作,也可以为手工艺人提供一个宽敞的、功能齐全的工作坊,使其可以专心创作,同时与其他艺人交流技艺,共同进步。

除了工作环境,生活环境同样重要。淘宝村需要为人才提供舒适的住宿条件。这可以是现代化的公寓,也可以是充满传统特色的庭院式住宅,关键在于满足人才的多样化需求,确保他们在淘宝村有宾至如归的感觉。同时,生活不仅仅是工作,还有休闲娱乐和社交。因此,建设一系列高品质的餐饮和娱乐设施是必不可少的。这可以是充满当地特色的餐馆、咖啡馆,也可以是设有各种健身器材的健身房,或者设有各种设备的娱乐中心,让人才在繁忙的工作之余,也可以放松身心,充分享受生活。但是,生活环境与工作环境的打造并不是一蹴而就的。淘宝村需要与相关部门、企业及人才进行充分的沟通与合作,确保为其提供的环境真正满足其需求。随着时间的推移,人才的需求也会发生变化,因此淘宝村还需要定期进行环境评估和升级,确保始终为人才提供最佳的生活和工作条件。

第四节 培育乡村特色品牌,创新"淘宝村"电商产业链

一、汉服和演出服特色品牌打造

(一)重视设计的原创性

在当今社会,原创性已经成为品牌建设的核心价值之一。面对全球化的市场,只有拥有独特的品牌才能够在竞争中独树一帜,具有深厚文化底蕴的汉服和演出服也不例外。为了确保淘宝村在转型发展中的领先地位,重视设计与创意的原创性是关键。汉服,这一承载了几千年文化和历史的衣物,不仅仅是一件服装,更是一种文化的传承。与之类似,演出服则是演绎多种艺术形式的载体,从舞台剧到音乐会,都需要有独特的演出服来为表演加分。所以,这两种服装的设计绝不仅仅是颜色、图案和款式的简单组合,更是文化、情感和故事的融合。淘宝村在打造特色品牌时,需要明确设计不仅仅是为了美观,更是为了传达一种文化和情感。这就要求设计师不仅要具备高超的设计技能,更要有深厚的文化底蕴和敏锐的市场洞察力。这样才能确保每一款汉服和演出服都能够成为消费者心中的艺术品。而为了培养这样的设计师,淘宝村可以考虑开展以下工作:

组织文化研学活动,让设计师深入各个文化遗址和艺术机构进行实地考察,感受传统文化的魅力,激发创作灵感;与国内外的设计学院合作,邀请著名的设计师来淘宝村授课或提供指导,为村里的设计师提供良好的学习平台;鼓励设计师进行跨界合作,如与当地的文化机构、非

物质文化遗产传承人等进行合作,共同探索新的设计语言和创作手法;为设计师提供一个开放的创作环境,确保他们在创作过程中不会受到任何束缚和限制,充分发挥其创意和想象力。除了这些工作,淘宝村还需要建立一个完善的原创性保护机制。无论是汉服还是演出服,只有确保其原创性不被侵犯,才能够在市场上获得竞争优势。这就要求淘宝村要建立一个专业的法务团队,对每一款产品进行知识产权登记和保护,确保淘宝村的品牌权益不受损害。

(二)结合故事营销,传达品牌情感

在如今这个信息爆炸的时代,单纯的商品展示和硬性推广已经难以触达消费者的内心。为了更好地与消费者建立情感联系,许多品牌都开始采用故事营销的策略。而对于淘宝村,这种策略不仅仅是一种市场营销手段,更是传递品牌情感、文化和价值观的关键。每一件汉服,都仿佛是一个历史的见证者,背后藏着无数的故事。演出服,则是艺术家表达情感、诠释角色的工具。它们或华丽,或简约,但都与舞台上的每一个情节、每一个角色息息相关。这些故事和背景可以当作淘宝村进行故事营销的素材。

可以想象,当消费者在浏览淘宝村的商品页面时,除了看到商品的图片和价格,还能看到一个动人的故事。例如:一件汉服背后可能是一位古代皇后的传奇经历,或者一个手工艺人几十年如一日的坚守。一件演出服,则可能与某个经典舞台剧有着深厚的联系,或者是某个著名艺术家的定制款。这些故事不仅仅能够吸引消费者的注意力,更能够让消费者对淘宝村的品牌产生深厚的情感。但要做好故事营销,淘宝村需要进行深入的文化和历史研究,确保每一个故事都是真实、有深度的。同时,淘宝村需要与当地的文化和非物质文化遗产传承人进行合作,共同挖掘和整理这些宝贵的故事资源。为了更好地进行故事营销,淘宝村还可以考虑使用各种现代化的手段。例如,制作短视频或者微电影,用影像的方式讲述这些故事,或者开展线下的文化活动,邀请消费者来淘宝村实地体验。这样不仅仅能够让消费者更加深入地了解淘宝村的品牌，还有可能成为淘宝村的口碑传播者。

（三）注重细节打磨

在电商产业中，消费者对产品的第一印象往往来自品牌形象与商品描述。持续的消费者信赖与口碑则源自商品的实际品质与细节处理。淘宝村意识到这正是其在培育乡村特色品牌过程中，对汉服和演出服产品进行高品质与细节打磨的关键所在。汉服作为中华文化的象征，其生产过程中的每一个环节，都与千百年的传统工艺息息相关。每一道工序、每一次染色、每一寸布料，都承载着深厚的文化内涵。只有真正投入每一个细节中，才能让这些价值得到最好的体现。正因为这样，高品质的制作成为汉服品牌中不可或缺的一部分。同样，演出服作为舞台上的焦点，它的每一个细节都关系整场表演的效果。从材质的选择到服装的设计，都需要充分考虑舞台效果和演员的需求。

淘宝村在选材上，可以考虑与当地的传统手工艺人合作，确保所用的材料都是最好的，同时助力当地的传统产业振兴。例如，淘宝村可以选择用染有天然植物色素的布料，或者用经过传统手工织造的绸缎。这样，不仅能够确保商品的品质，还能够将当地的传统文化融入商品中。在制作过程中，淘宝村还需要加强与设计师和手工艺人的沟通与合作，确保每一件商品都能达到设计的要求。这包括对于剪裁的精确度、缝纫的规整性，以及细节的处理等。只有这样，汉服和演出服才不仅仅是商品，更是艺术品。而在细节打磨上，淘宝村更需要耐心和细致。这包括对于商品的每一个小细节的检查，如缝线的整齐、纽扣的固定、图案的对称性等。这些看似微不足道的小细节，往往就是决定商品品质的关键。因此，淘宝村需要建立严格的质检制度，确保每一件商品都能够达到最高的标准。

二、建立产业链协作机制

(一) 鼓励产业集群创新合作

淘宝村作为一个在电商领域中迅速崛起的名片，拥有巨大的市场潜力和特色资源。然而，任何事物的发展都需要整合各种资源，尤其是在快速变革的电商行业中。如今的市场竞争不再是单兵作战，而是整个产业链上下游的合作与竞争。因此，淘宝村需要深化产业集群的合作，促进各企业之间的资源共享和技术创新。汉服和演出服作为淘宝村的代表性产业，更应该注重产业链上下游的协同效应。具体来说，汉服、演出服生产商在生产过程中，可以从以下几点进行合作与创新：

一是原材料的统一采购。同类生产商可以组成采购联盟，共同采购高质量的原材料。这样既可以保证原材料的质量统一，更可以降低采购成本，提高整体的利润空间。二是生产设备的共享使用。不同的生产商在生产过程中，可能会用到某些特定的生产设备。然而，并不是每家企业都需要长时间、大量使用这些设备。这时，企业之间可以考虑设备共享，有效降低设备的空闲率，提高设备的使用效率。三是联合研发与设计。设计是汉服产业和演出服产业的灵魂，也是品牌竞争力的核心。企业之间可以考虑进行联合研发，共同推出符合市场需求的新款式。同时，设计师的交流和合作可以产生更多的创意火花，推动整个产业的创新发展。四是品牌联合宣传与推广。在推广和宣传方面，企业之间可以进行品牌的联合宣传，如组织汉服、演出服展览、时装秀等活动，共同展示淘宝村的品牌魅力。同时，线上线下联合营销可以扩大品牌的影响力，吸引更多的消费者。五是质量控制与售后服务。品质是品牌长久的基石。为了保证产品的质量和消费者的权益，企业之间可以共同建立一套质量控制和售后服务体系。这样，无论消费者购买哪家企业的产品，都可以得到统一的品质保障和服务承诺。

（二）推动供应链数字化

在如今这个数字化时代，任何的生产、销售以及管理流程都可以受益于数字化转型。特别是对于淘宝村这样的电商中心，供应链的数字化不仅是一个提高效率的手段，更是确保竞争力和市场地位的关键举措。淘宝村处在电商的最前线，其中的汉服产业和演出服产业更是涉及复杂的供应链管理。从设计、原材料采购、生产到最后的销售与配送，每一个环节都需要严格的管理与控制。数字化转型可以为整个流程带来前所未有的便捷与效率。

一是供应链管理软件的引进。通过这类软件，淘宝村的各个生产企业可以实时掌握库存情况、生产进度和物流状态。这样做的好处显而易见，能够确保生产和配送的高效进行，同时减少因为信息不对称带来的损失和延误。二是原材料的实时监控。汉服产业和演出服产业依赖高质量的原材料。数字化供应链管理可以确保对原材料的实时监控，不仅仅是其数量，更包括其质量。这样一来，产品的质量可以始终保持在最高标准。三是生产排程的智能化。有了数字化的帮助，生产进度可以得到实时的更新与调整。当某一环节出现问题时，系统会自动进行调整，确保整个生产流程的顺畅进行。四是物流配送的数据化。对于电商行业来说，物流配送至关重要。数字化管理可以确保商品从生产线到消费者手中的每一步都被严格监控。这不仅可以提高配送效率，还能极大提升消费者的购物体验。五是数据分析与市场调整。在数字化供应链管理中，大量的数据被收集和分析。淘宝村可以根据这些数据来调整生产与销售策略。例如，当某一款汉服或演出服受到市场欢迎时，系统会自动提醒增加生产与库存。相反，当某一产品的销量下滑时，系统会及时提醒调整策略。

（三）建立品质保障体系

在如今的电商市场中，产品品质是影响消费者购买决策的因素之一。作为一个乡村特色品牌的塑造者和电商产业集群的推进者，淘宝村必须确保其出产的汉服和演出服都是高品质的。如何实现这一目标？答案是建立一个完善的品质保障体系。

一是原材料的质检。一件优质的汉服或演出服的制作始于优质的原材料。因此，淘宝村在采购原材料时，需要设立严格的质检标准，确保每一批进货都是合格的。对于那些不达标的原材料，应当果断拒收，以确保制成的衣物始终维持在一个高品质的标准。二是生产过程的质量控制。生产环节是确保产品质量的关键时刻。对于生产线上的每一个环节，都应进行严格的质量控制。这包括确保机器设备的良好运行、员工的专业技能、生产环境的洁净度。同时，对于每一个生产步骤，都应有明确的操作指南和标准流程，确保每一步都是准确无误的。三是成品的检验。生产完成后，每一件汉服和演出服都应经过严格的质量检验。这包括对其外观、尺寸、色彩、缝合等方面进行全面的检查。只有那些完全达到质量标准的产品，才能够被允许流入市场销售。此外，对于那些不合格的产品，不仅要进行退货处理，还要对其进行详细的分析，找出生产中出现的问题，从而对症下药，确保下一次生产可以完全避免此类问题的出现。

这样的品质保障体系，不仅可以确保淘宝村出产的汉服、演出服都是高品质的，还能在消费者心中建立一个强大的品牌形象。当消费者在选择汉服或演出服时，会自然而然地想到淘宝村，因为他们知道，在这里购买的每一件商品都有严格的质量控制，都是真正的精品。建立品质保障体系还可以为淘宝村带来其他的益处，如减少退货率、提高消费者满意度、增加复购率等。长期下来，这不仅可以提高淘宝村的市场份额，还可以为其带来持续的利润增长。为了实现这一目标，淘宝村需要与其产业集群中的各个企业进行紧密合作。只有当所有企业都遵循同一套质量标准，整个产业链的高品质才能得到有效保障。这也是鼓励产业集群创新合作的一个重要方面。

三、推进电商技术与平台创新

(一)利用先进技术优化用户体验

在现代社会,技术日新月异,尤其是在电商和制造业领域,技术进步带来的是巨大的生产效率提升和产品多样性。鲁西"淘宝村"作为一个充满活力的乡村电商产业集群,若想持续领先,就必须紧跟技术发展的步伐。

3D 打印技术是近年来逐渐崭露头角的技术,其不仅可以用于制作快速原型,还能在短时间内制造出复杂的产品结构,大大缩短了从设计到生产的周期。将 3D 打印技术应用到汉服和演出服的生产中,不仅可以为设计师提供更多的创作自由度,还能大大节省生产过程中的时间和成本。例如,利用 3D 打印可以快速生产一些复杂的饰品和配件,而无须复杂的模具,这大大降低了生产难度。

智能制造是工业 4.0 时代的代表。通过智能制造,淘宝村的制造商可以实现生产自动化,大大提高生产效率。例如,汉服的刺绣、印花等环节可以采用机器人技术,以确保每一件汉服的图案精准一致,同时提高生产速度。对于演出服,特别是那些需要 LED 灯或其他电子部件的服饰,智能制造技术可以确保每一个细节都完美,为人们提供更加稳定和持久的使用体验。

此外,AI 推荐系统可以帮助淘宝村的商家更好地理解消费者的需求和喜好。通过收集和分析用户的购物行为和偏好,商家可以为用户提供更为精准的商品推荐。这不仅可以提高用户的购物满意度,还可以促进销售额的增长。虚拟现实(VR)可以为用户带来全新的购物体验。想象一下,当用户想要购买汉服或演出服时,不再只是通过图片和文字描述来了解商品,而是通过 VR 眼镜进入一个虚拟的试衣间,身临其境地试穿商品。这样的购物体验无疑会大大增强用户的购买欲望,使淘宝村在众多的电商平台中脱颖而出。区块链技术可以为淘宝村的交易提供更为安全和透明的保障，增强用户的信任度。

当然，除了技术创新，平台创新同样重要。淘宝村可以考虑打造自己的电商平台，专注于汉服和演出服这两个特色产业。这样的平台不仅可以为人们提供更为专业和高效的服务，还可以凸显淘宝村的品牌特色，吸引更多的用户和商家入驻。

（二）增强数据分析能力

在这个数字化时代，每当消费者在电商平台浏览、点击或购买商品，都会产生大量的数据。这些数据包含消费者的喜好、行为模式、购买意向等宝贵信息，对于电商平台，尤其是淘宝村来说，这无疑是寻找市场机会、优化商品定位、提高销售额的有效助力。通过深入分析消费者的数据，淘宝村不仅可以为消费者提供更为精准的商品推荐，还可以更好地优化商品设计、调整价格策略、完善营销策略等。例如，在对消费者的数据分析后，淘宝村发现大部分消费者对某种特色的汉服产品有很高的兴趣和购买意向，但平台上的相关商品相对较少。这时，淘宝村可以鼓励商家生产这种特色的汉服产品，或者自己进行研发和生产，以满足消费者的需求，从而提高销售额。

又如，通过数据分析，淘宝村发现大部分消费者在浏览商品时，会在商品详情页停留较长时间，但最终没有进行购买。这可能意味着消费者对商品的详情和描述存在疑虑或不满意。基于这一发现，淘宝村可以进一步完善商品详情页的设计和内容，如增加更为详细的商品描述、提供更多的商品图片和视频等，以提高消费者的购买转化率。除了商品的优化和定位，数据分析还可以帮助淘宝村更好地进行市场分析和预测。例如，通过对历史数据的分析，淘宝村可以预测未来的市场趋势和消费者需求，从而提前进行市场布局，抢占市场机会。值得注意的是，增强数据分析能力不仅仅是技术问题，更是一种思维方式。淘宝村应始终保持对数据的尊重，不断地学习和探索，将数据转化为真正的市场机会和竞争优势。

(三)跨平台整合与创新

随着技术的进步和消费者习惯的变化,多平台经营成了电商发展的新趋势。对于淘宝村来说,把握这一趋势并在其中找到自己的位置,是确保电商事业持续发展的关键。开发一体化的管理系统是应对多平台经营挑战的有效手段。想象一下,当汉服和演出服在不同的平台上销售时,如何确保订单、库存和客户信息的准确同步?一体化的管理系统可以实现这一目标。它可以自动同步各个平台上的数据,确保所有的信息都是最新的、准确的。无论是订单处理、库存管理,还是客户服务,都可以通过这一系统大大提高工作效率和准确性。

而汉服和演出服作为具有浓厚文化内涵的产品,更适合在新兴的社交电商、直播带货等领域推广。想象一下,在直播带货的过程中,商家展示汉服的精美工艺,抑或演出服在舞台上的震撼效果,这无疑能够引起消费者的浓厚兴趣,增加消费者的购买意愿。社交电商的崛起意味着电商与社交的深度融合,为商品提供了一个更加生动的展示平台。对于淘宝村来说,其可以鼓励村内的商家利用社交电商平台,如抖音、快手等,展示自己的商品和品牌故事。这不仅可以增加商品的曝光率,还可以拉近自身与消费者的距离,建立更加紧密的联系。

第五节 完善乡村治理体系，构建具有"淘宝村"特色的"三治一体"治理体系

一、自治：健全村民自治体系

（一）建立明确的自治机构

在现代乡村治理中，村民自治机构扮演着至关重要的角色。对于一个像淘宝村这样充满活力与创意的乡村来说，治理模式的创新与完善尤为关键。正因为此，自治机构的设立不仅能够为乡村治理提供更加坚实的基础，还能够进一步促进村民参与到乡村治理的各个层面。想要实现淘宝村的持续发展，汉服产业和演出服产业显然是重要的驱动力之一。然而，这背后需要一个更加民主、开放的治理体系。自治机构可以成为连接村民与产业、乡村与市场的重要桥梁。设想一下，在每一个汉服和演出服的生产与销售背后，都有一群热心的村民在为之努力，他们不仅是生产者、销售者，更是这片土地的主人。每当面对决策时，他们可以通过自治机构表达自己的意见和建议，从而使得每一个决策都更加符合实际，也更加有益于乡村的长远发展。

村民议事会是村民自由发表意见的平台。在这里，汉服与演出服的创意设计、生产技术、市场策略等都可以成为讨论的焦点。这种开放的讨论模式为汉服与演出服的创新与发展注入了强大的动力。这种参与感和归属感，无疑能够增强村民的凝聚力，促使他们更加积极地参与到乡村的各项事务中。在此背景下，构建具有淘宝村特色的"三治一体"治

理体系尤为关键。这一体系不仅能够更好地整合资源，还能够为乡村的长远发展提供稳固的支撑。而自治机构正是这一体系中不可或缺的一环，它是乡村治理的基石，也是乡村未来的希望。

（二）提高村民自治能力

在鲁西淘宝村中，汉服产业与演出服产业的蓬勃发展已成为村庄的特色与骄傲。然而，单纯地依赖产业的增长并不能确保一个乡村的长远稳定与发展，这背后需要一个强大而有序的治理体系作为支撑。这就是为什么淘宝村需要加强村民自治，构建"三治一体"治理体系的原因。对于淘宝村来说，汉服产业与演出服产业的每一步进展都与村民的积极参与分不开。从设计、生产到销售，每一环节都需要村民的智慧与努力。但要让这种参与变得更加高效与有序，提高村民的自治能力尤为关键。

可以设想在一个工作坊中，一群热心的村民正在听取专家关于如何更好地管理电商运营的建议，他们认真记笔记，提出问题，争取更多的实践机会。这样的场景，不仅仅是一个简单的学习过程，更是淘宝村治理体系逐渐完善、村民自治能力逐渐提高的见证。一方面，组织培训班或工作坊，不仅能够提高村民对于自治的认识，更能够为他们提供一个与时俱进的平台，帮助他们跟上时代的步伐，把握电商产业的发展脉络；另一方面，邀请专家进行培训，不仅能够为村民提供专业的知识与技能，更能够为他们开展实际的电商运营提供有力的支撑。法律法规的培训同样重要。在电商领域，法律法规的变化与更新是常态。对于淘宝村的村民来说，了解并遵守这些法律法规，无疑是确保电商运营顺利进行的关键。而对于整个淘宝村的治理体系来说，法律法规的培训更是确保村庄治理稳定、有序的必要条件。

（三）健全信息透明机制，保障村民权益

在当今社会，信息的公开与透明是连接民意与治理的重要纽带。而在淘宝村这样的特色乡村，由于其在汉服产业和演出服产业中的独特地位，这种信息透明更为关键。淘宝村作为电商的典型代表，其每一个决策都可能影响到村民的经济利益和生活质量。因此,确立一个信息透明机制尤为必要。这不仅可以确保每一个村民的权益得到充分的保障,也有助于构建一个公平、公正、公开的乡村治理体系。

汉服产业与演出服产业的发展速度之快、市场变化之大,使得淘宝村在决策时必须考虑诸多因素。而这些决策,一旦被实施,可能会对村民的经济状况产生直接的影响。例如,某一款汉服或演出服突然受到市场追捧,或者由于某些原因突然失去市场,这都可能对村民的收入产生直接的影响。因此,村庄的决策机制必须是透明的,必须及时向村民公开每一个决策的背后原因和可能的影响。另外,淘宝村在电商项目的进展、投资、合作等方面的决策,也与村民的利益息息相关。这些决策的公开和解释,不仅可以使村民对村庄的治理产生更大的信心,也有助于增强他们的参与意识。由此可见,确保信息的透明和公开,可以保障村民的权益,为淘宝村构建一个和谐、稳定的治理环境。

二、法治:完善规章制度

(一)参与流程

淘宝村在其特色的汉服产业和演出服产业中经历了蓬勃的发展。随着这种发展,乡村治理的需要也日益凸显出来,特别是在制定与更新乡村规章制度方面,村民、电商经营者和其他相关利益方的参与至关重要。这样做可以带来多方面的好处:一是确保制度内容的公正性和合理性。淘宝村汉服产业和演出服产业规章制度的制定需要具有专业知识和经验的人提出意见和建议。电商经营者和村民可以为制度制定提供宝贵的实践经验和建议,这样可以保证新制定或更新的规章制度既公正又合理。二是增强制度的执行力。当村民和电商经营者参与制度的制定过程,他们便对这些制度有了更深入的了解,也更容易接受和执行。这种情境下,当制度需要执行时,他们会更有动力去遵守。三是提升村民的归属感。村民参与乡村制度的制定过程,不仅有了表达意见和建议的机会,也让他们感觉被尊重和重视，增强了他们的归属感。这样一来，村民更加愿意为村庄的谋福祉，而不仅仅是为了自己的利益。四是建立与维护公信力。公开、透明的乡村制度制定流程能够建立和维护村庄的公信力。村民和电商经营者能看到他们的建议和意见是如何被采纳和应用的，这种方式可以减少彼此的误解和猜疑，促进乡村治理的平稳进行。

（二）定期修订

在鲁西淘宝村的转型发展过程中，除了加强村民自治，确保乡村治理体系的健全和高效也尤为重要。针对淘宝村的特色，即汉服产业和演出服产业，制定与更新乡村规章制度是关键，而其中的一个核心环节就是定期修订这些制度。作为一个以电商为主导、以汉服和演出服为主要产业的村落，淘宝村所处的经济、文化和社会环境都在快速变化。当初制定的规章制度可能适应了各个时期的需求，尤其随着时间的推移，一些规章制度可能不再符合村庄的实际需求，或者存在某些不完善的地方。因此，定期修订是确保治理体系与村庄的实际发展同步的关键，这样做不仅可以应对新的挑战，也能抓住新的机遇。例如，随着电商平台的技术升级，可能需要更新关于数据安全、消费者隐私保护等方面的规定。为了确保相关规章制度的适应性和灵活性，每年进行一次效果评估显得尤为必要。这种评估不仅可以查找出现有制度中的问题，还可以根据村民和电商经营者的反馈，以及淘宝村汉服产业和演出服产业的发展趋势，进行必要的修订。这样可以确保淘宝村的乡村治理体系始终与时俱进，同时为村庄的持续和稳定发展提供强大的支撑。

（三）强化宣传与培训

作为一个融合了传统乡村文化和现代电商活动的独特社区，鲁西淘宝村需要在规章制度的宣传与培训上下足功夫。汉服产业和演出服产业是鲁西淘宝村的重要经济支柱，为村庄带来了繁荣，也带来了一系列新的挑战。如何确保每一家电商店铺都能按照规章制度经营？如何确保村民在参与电商活动时不会受到不公平的待遇？这些都是淘宝村在完善乡村治理体系时需要考虑的问题。

强化宣传与培训有助于解决上述问题。通过各种渠道让村民知晓新制定或修订的规章制度，这不仅可以让每个人都了解自己的权利和义务，还可以避免因误解而产生的纷争。例如，在乡村大会上，淘宝村可以组织相关专家和有经验的电商经营者为村民解读新的规章制度，解答他们的疑问，确保每位村民都能理解并遵守规章制度。另外，对于涉及电商经营、乡村管理等关键领域的制度，淘宝村可组织专门的培训活动，让村民了解如何合法、合规的经营，如何更好地保护消费者的权益，如何与其他店铺建立合作关系。淘宝村还可以通过网络平台、公告栏等方式，持续更新和宣传规章制度的内容，确保每位村民都能随时了解最新的信息。

（四）制定反馈机制

只有当村民清楚违反规章制度的后果，并且相信规章制度会被公正、坚决地执行，规章制度才能真正发挥作用。为了保证规章制度的执行，制定应对机制至关重要。这不仅需要对于违反规章制度的行为明确相应的处罚措施，还需要设立一个高效、公正的反馈机制。汉服产业和演出服产业，因其独特的产品特点和市场需求，可能会产生一些特定的问题。例如，村民可能因为对产品的品质、来源或者价格有争议而产生纠纷。对于违反规章制度的行为，除了常规的处罚措施，还需要考虑汉服产业和演出服产业的特殊性，为其制定特定的应对措施。为了保证规章制度的执行，反馈机制必不可少。这个机制应该简单、明了，让村民可以轻松地使用。例如，淘宝村可以设立一个线上的反馈平台，让村民可以针对遇到的问题进行咨询。这一平台应当有专人负责，确保每一个反馈都能得到及时的回复和处理，确保每一个问题都能得到妥善解决。

三、德治：在淘宝村推广德治教育

（一）诚信教育与宣导

强调诚信经营的重要性，让村民和商家深刻认识到诚信的价值，是德育的一大内容。发布诚信榜样，举办诚信商家评选活动，不仅可以让村民看到诚信经营的实际效果，还可以为那些坚守诚信原则的电商企业或个体提供一个展示自己的平台。作为具有深厚文化内涵的产业，汉服产业和演出服产业更应该在诚信经营上做出表率。淘宝村可以组织与汉服、演出服相关的诚信经营论坛、研讨会等活动，邀请业内专家、成功的电商企业家分享他们的诚信经营经验和故事。此外，为了确保诚信教育与宣导的效果，淘宝村还可以将这一理念融入村民的日常生活中，如在村里设立诚信教育宣传栏，定期发布与诚信相关的文章、故事、漫画等，让村民在日常生活中时时刻刻都能感受到诚信的重要性。

（二）"和谐共生"培训

"和谐共生"培训为汉服产业和演出服产业注入了强大的动力，它强调乡村共生的理念，确保商家和村民之间能够和谐相处、共同协作，从而达到乡村整体发展的目的。工作坊和培训活动是和谐共生培训的主要形式。在这些活动中，商家和村民可以坐在一起，深入探讨如何共同协作、和谐相处的方法。这样的交流既能够减少双方之间的误解，也能够让双方更加深入地了解彼此。而通过案例分享，村民可以更加直观地了解合作的重要性和长远利益。这些案例往往是那些成功的合作案例，其不仅可以鼓励村民积极参与到相关活动中来，更为村民提供了一个明确的方向，让他们知道如何与商家和谐相处。而在汉服产业和演出服产业中，和谐共生培训的意义更为重大。因为这两大产业都与文化紧密相关，它们所传递的是一种文化和精神。只有当商家和村民能够共同协作时，这种文化和精神才能够得到真正的传承和发扬。

(三)"创新与责任"教育

"创新与责任"教育是德育的基石,它旨在平衡创新与责任,确保村民和商家在追求发展的同时,不忘对社会、对环境、对文化的责任。汉服产业和演出服产业因其独特的文化背景,对于鲁西淘宝村而言是特殊的存在。在经济全球化的背景下,如何将传统与现代相结合,在市场中占有一席之地,成为每个村民和商家所面临的挑战。但创新不仅仅是追求利润和市场份额,更重要的是要认识到创新所带来的社会责任和影响。

通过讲座和实践活动进行"创新与责任"教育是一个行之有效的方法。淘宝村可以邀请业内专家和学者,为村民和商家传授创新的理念、方法和技巧。除此之外,淘宝村还需要深入探讨创新背后的道德和社会责任:如何确保创新产品对用户的安全性?如何在创新中考虑环境保护?如何确保在创新中不损害文化传统和价值?另外,实践活动可以让村民和商家身临其境地体验创新的过程,让他们更加直观地认识到创新的挑战和机遇。这些活动可以是小型的产品开发比赛,也可以是与其他电商企业的合作项目。在这一过程中,村民和商家会真正感受到创新的乐趣和魅力,也会认识到身上肩负的责任。

(四)乡村文化保护与传承

乡村文化是一个地方的灵魂,它凝结了历史、地理、人文等多方面的因素。鲁西淘宝村作为一个特殊的电商集群,拥有独一无二的乡村文化。这种文化不仅仅体现在村民的生活方式上,更体现在他们从事的汉服产业和演出服产业上。汉服代表了中华民族几千年的文化积淀,它是中华文明的象征,演出服则代表了中国传统艺术的繁荣与创新。两者赋予了淘宝村独特的文化特色。因此,在推广德育的过程中,强调乡村文化的保护和传承尤为重要。村民只有对自己的文化有所了解,对其产生自豪感,才能真正地尊重和保护它。而对外来者,了解和尊重淘宝村的历史和文化,是其与当地村民建立良好关系的前提。

一是组织村民参与乡村文化的挖掘和整理。每个村庄都有其独特的历史和传说，这些都是宝贵的文化资源。村民可以在挖掘这些资源的过程中，进一步了解乡村文化，从而加强对乡村文化的保护意识。例如，他们可以邀请村中的长者回忆过去的事情，整理出清晰的时间线，并在其上标注村子的重要事件和变迁。二是加强乡村文化的宣传。除了内部宣传，如村民大会、文化活动等，外部的渠道如网络、媒体等同样可以让更多的人了解淘宝村的文化特色。这不仅可以吸引游客，提高淘宝村的知名度，还可以增强村民的文化自信，让他们更加珍惜并乐于传承自己的文化。

四、淘宝村特色电商治理

（一）电商纠纷快速解决机制

淘宝村特色电商治理是鲁西"淘宝村"转型发展的核心环节，目的是完善乡村治理体系，从而构建出一个具有淘宝村特色的"三治一体"治理体系。淘宝村因其与电商的深度关联，以及其特色的汉服产业和演出服产业，成为电商治理的关键所在。

设立专门的纠纷调解机构是一种有效手段。这样的机构可以为村民提供一个清晰、专业的途径来解决他们面临的问题。考虑到汉服和演出服的特殊性，这些商品的交易可能涉及更为复杂和特定的问题，如材料、工艺、尺码、风格等方面的纠纷。因此，专门的纠纷调解机构可以为处理这类商品纠纷提供更为精准和专业的服务。快速的纠纷处理不仅仅是为了满足消费者的需求，更是为了维护乡村的名誉和形象。作为电商的重要代表，淘宝村的信誉关系整个乡村的经济前景。如果消费者因为这些纠纷而对淘宝村失去信心，将严重影响村庄的经济利益。因此，及时、公正的纠纷处理服务不仅是对消费者的承诺，更是对乡村自身的承诺。

（二）电商培训中心

设立电商培训中心是鲁西淘宝村构建"三治一体"治理体系的关键

第七章　鲁西崛起背景下"淘宝村"转型发展中的乡村治理路径

环节。电商领域日新月异,技术、策略和消费者习惯瞬息万变。这就要求从事电商的村民不仅要有经营的眼光,还要有持续学习和适应的能力。一个专门的培训中心,能为村民提供系统、专业的电商知识和技能培训,确保他们在电商浪潮中不被淘汰,而是持续领先。这样的培训中心具体包括如下几个方面的内容:

一是网店运营。从店铺装修、商品上架、订单处理到售后服务,这一系列的流程都需要有系统的操作知识和经验。培训中心可以提供实操课程,指导村民更加高效、专业地运营自己的店铺。二是网络营销。如何在众多的网店中脱颖而出,吸引消费者的眼球,再转化为实际的订单,这需要一套完整的网络营销策略。培训中心可以邀请电商营销专家,为村民提供最新的营销方法和技巧。三是物流管理。电商的物流环节对消费者体验有着重要的影响。如何确保商品快速、准确、安全地送到消费者手中,是每一个电商人关心的问题。培训中心可以提供物流管理的课程,教授村民如何与物流公司合作,如何优化物流过程,提高用户满意度。考虑到淘宝村特色的汉服产业和演出服产业,培训中心还可以设立特色课程,如汉服文化与历史、演出服设计与制作技巧等,帮助村民更好地理解和传承这两个产业的文化和特点,从而在电商市场中建立自己的品牌形象。

(三)电商公平竞争机制

鲁西淘宝村作为一个电商集群,其转型发展中的一个重要挑战就是如何制定和执行公平、透明的竞争规则,确保村民可以在一个公正的环境中进行电商经营。汉服产业和演出服产业作为淘宝村的特色产业,也需要有针对性的治理策略,以确保其健康、稳定的发展。在具体制定公平竞争原则和规范时,淘宝村可以着重做好以下几点:

一是禁止恶意差评。淘宝村的商家应鼓励诚实、真实的评价,而不是通过恶意差评来攻击竞争对手。这样不仅损害了其他商家的利益,还降低了整个淘宝村的信誉。为此,淘宝村需要制定明确的规范,并设立专门机构进行监督、调查和处罚。二是制定反不正当竞争条款。对于涉及价格恶意压低、虚假宣传、盗用他人设计等不正当竞争行为，淘宝村应有明确的禁止和处罚规定。这样，可以确保每一个商家都能在公平的基础上，通过自己的努力和创新来取得成功。三是保护知识产权。在汉服产业和演出服产业中，设计、版权等知识产权问题尤为重要。淘宝村需要制定详细的知识产权保护机制，同时严格打击侵权行为。四是透明的价格机制。透明的价格机制可以避免价格恶意压低的现象，保障消费者和商家的权益。淘宝村可以建立一个透明的价格信息发布平台，让消费者清楚了解各个商家的产品价格、质量和服务，从而做出明智的选择。

（四）电商安全与信任体系

对于淘宝村这样一个特色鲜明的电商集群而言，保障交易安全不仅仅是技术问题，更是文化、制度和乡村治理的问题。汉服产业和演出服产业作为淘宝村的重要产业，有着自己独特的市场和消费者。消费者在选择产品时，除了产品的品质和设计，更加注重的是商家的信誉和服务。因此，引进或开发电商平台安全技术，确保每一次交易的安全，是非常必要的。那么，如何建立一个完整的信任标志体系，使得每一个经营汉服和演出服的商家都能够得到公正的评价，进而得到消费者的信任呢？"淘宝村信誉商家"标志的设立给出了这个问题的答案。通过这个标志，商家可以展示自己的经营成果和信誉。消费者在选择产品时，也可以通过这个标志快速识别那些值得信赖的商家。但是，这个标志的设立和管理需要一套完整的制度来支撑。淘宝村可以考虑以下几个方面来完善这个制度：

一是设立评价标准。汉服产业和演出服产业需要一套明确、公正的评价标准，包括产品质量、服务态度、交易安全、售后服务等多个方面。二是定期审核。为确保每一个获得"淘宝村信誉商家"标志的商家都是真正值得信赖的，淘宝村需要有一个定期的审核机制，具体可以考虑由淘宝村的管理机构审核，或者引入第三方机构审核。三是反馈机制。消费者在交易过程中，如果有任何不满或者建议，都可以通过反馈机制向管理机构提出。这样可以确保整个信任体系的活性和适应性。四是教育与培训。对于商家，尤其是新入驻的商家而言，电商安全和信誉经营培训必不可少。这样可以确保每一个商家都有足够的知识和技能来维护自己的信誉。

第八章 结论与展望

第一节 结论

一、历史与地理文脉的融会贯通

(一) 历史沉淀与当下碰撞

历史与现实之间的张力常常塑造出一片片生机勃勃的土地。鲁西正是在这种张力中展现出的独特风景,一个在时代长河中沉淀了深厚历史的地区,它与现代电商的融合,仿佛一场时空交错的舞蹈,每一个步伐都蕴含丰富的故事和无尽的探索。鲁西的崛起并非一蹴而就,这片土地上的每一寸土、每一滴水,都浸润着历史的汗水和智慧。从古至今,鲁西所经历的文化繁荣、经济变革和社会进步,都为其打下了坚实的基础,使之在面对新时代的挑战时,拥有了独特的视角和应对策略。这种历史的沉淀使鲁西不仅拥有了丰富的文化遗产,还拥有了对未来的深度洞察和预见。

当历史遇到现代,当鲁西遇到"淘宝村",一场历史与现实的交织便悄然上演。在电商的浪潮中,鲁西不再是一个沉默的旁观者,而成为这场盛宴的主角。这种转变不仅仅是技术的应用，更多的是文化、思维和视野的转变。在这一过程中，鲁西展现出了独有的韧性和创新精神，不断寻找与电商融合的最佳路径，努力将其深厚的历史文化与现代电商完美结合。在这种碰撞中，"淘宝村"的崭露头角并不是偶然。鲁西的地理位置与历史背景为"淘宝村"的发展提供了得天独厚的优势。这里的人民继承了鲁西的传统智慧，同时拥抱了电商的新机遇，他们用双手和智慧写下了"淘宝村"的辉煌篇章。这种发展不仅仅是经济的提升，更是对鲁西传统文化的传承与创新，是对未来的深度思考和无畏探索。

（二）地理因缘与发展机遇

在探索文明的演进过程中，地理位置常常成为某一文明或地区优势发展的关键因子。如同山川河流为大地的血脉，地理因缘在历史的长河中，为某些地区带来了独特的发展机遇，成为命运的天平上，为其加分的重要砝码。鲁西"淘宝村"的崛起，正是地理因缘与历史机遇完美结合的产物。鲁西坐落在中国的腹地，这一地理特征在古代便为其带来了众多的机遇。地理位置决定了它在古代商业交往中起到的关键作用，而这一点，在现代电商的浪潮中，被重新赋予了新的意义。这片土地拥有的优越的交通网络和物流条件，使其成为电商发展的热土，拥有了其他地区不可比拟的优势。

地理因缘与发展机遇的结合为"淘宝村"带来了难以估量的价值。这里的商家得以依托鲁西的地理位置，将商品迅速传输至全国各地，使得"淘宝村"的名声迅速传遍大江南北。这一切都离不开鲁西得天独厚的地理位置所带来的便利。不仅如此，鲁西的地理位置还使其与周边地区建立了紧密的经贸联系。这种联系为鲁西带来了更为广阔的市场空间，使得"淘宝村"在电商领域的发展更加稳健和迅速。这种地理上的优势，使得"淘宝村"不再只是一个地理概念，而是一个代表着创新、合作与共赢的品牌。鲁西的地理位置不仅为其带来了商业上的优势，还造就了独特的地域文化。这里的人民在历史的长河中积累了丰富的文化遗产，这种文化遗产与现代电商的融合，使得"淘宝村"不仅仅是一个经济概念，而是一个充满了文化韵味的地方。这种文化与经济的结合，为鲁西带来了无尽的创意和灵感。地理因缘与历史机遇的完美结合，为"淘宝村"塑造了一个独特的品牌形象，使其在电商领域独树一帜。

（三）经济与技术的双重驱动

当人们探讨鲁西的崛起时，不得不提及的是经济与技术双重驱动在其中的作用。这种驱动并不仅仅表现为某一方面的进步，而是经济和技术相互碰撞的结果。对于鲁西来说，电商并不只是一个商业模式，而是经济与技术完美结合的产物，它带动了该地区整体的发展，形成了一个全新的发展模式。电商领域本身就是技术与经济的密切结合，鲁西在电商崛起的背后，隐藏着一系列技术创新的故事。这些技术创新包括大数据分析、云计算、物联网等先进技术的应用，使得电商平台能够为消费者提供更为精准的服务，同时大大提高了商家的运营效率。这种技术创新为鲁西的电商领域带来了巨大的竞争优势，使其能够在激烈的市场竞争中脱颖而出。

但仅有技术的推动是不够的，经济的角色同样不可或缺。鲁西的地理位置使其能够快速接入全国的市场，这为其电商业务提供了巨大的市场空间。而鲁西的政府和企业也深知经济的重要性，他们采取了一系列措施来促进电商领域的经济发展，包括投资基础设施建设、提供税收优惠、培训电商人才等。电商作为经济与技术的结合体，在鲁西得到了快速的发展。这不仅仅是因为电商本身的特点，更是因为鲁西地区对于经济与技术双重驱动的深刻理解。他们深知，只有经济与技术同步发展，才能够确保电商领域的长久繁荣。另外，鲁西的崛起也得益于电商领域对于文化的深入挖掘。鲁西丰富的文化遗产为其电商业务提供了丰富的素材，使其能够创造出有特色的商品和服务。这种文化与技术、经济的结合，有效提高了鲁西电商在市场上的竞争力。

（四）时代潮流中的共鸣与交响

鲁西，这片历史与现代交织的土地，不仅仅是一个地理概念，更是一种文化、一种精神。当古老的文化和传统遇到现代的创新和变革，所产生的共鸣犹如交响乐中的各个音符，有高潮，有低谷，有激情，也有平静，它们共同构建了一个充满活力和魅力的乐章。置身于鲁西，仿佛身处一个巨大的音乐厅，每个角落都有独特的旋律在流淌。从古老的建筑到现代的商业区，从传统的手工艺品到高科技的产品，每一处都在强烈地表达着这片土地的魅力。而"淘宝村"无疑是这部交响乐中的重要乐章，它代表了鲁西地区在现代经济发展中的独特定位和价值。

在这部交响乐中，历史与现代的共鸣成为主题。历史，不仅仅是对过去的回忆，更是对未来的启示。它告诉人们，在追求创新和发展的道路上，不能忘记传统与文化的根基。这种根基为鲁西提供了丰富的资源，成为其持续发展的源泉。而现代，它为鲁西带来了新的机遇和挑战，也为"淘宝村"提供了发展空间。这种历史与现代的共鸣，在鲁西得到了完美的体现。在追求经济增长的道路上，鲁西没有忘记文化与历史的价值，而是将其作为推动发展的动力。这种动力不仅仅体现在经济上，更体现在文化和社会的各个层面上。从文化遗产的保护和传承到技术创新和产业升级，从乡村治理的理念和方法到"淘宝村"的品牌建设和发展策略，鲁西都在展现一种独特的文化与现代的融合。这种融合犹如交响乐中的和谐，它既有历史的深沉，又有现代的活力，它既有传统的魅力，又有创新的火花。这种和谐使得鲁西在时代潮流中始终保持着自己的独特韵律，不断创造出新的价值。

二、辉煌与变革的交响乐章

（一）时代旋律中的创新领先

站在鲁西这片充满活力的土地上，感受"淘宝村"带来的电商风潮，就如同听一部交响乐，其中每一个音符、每一个旋律都充满了创新和领先的韵味。与地缘的亲密接触成为鲁西"淘宝村"发展的基石。乡村的地理位置、气候条件和生态环境，都为电商产业提供了得天独厚的条件。这些优势被充分利用，奠定了"淘宝村"在电商领域的领先地位。

但仅仅有地缘的优势还不够，文化的碰撞和融合是催化剂。鲁西的乡村文化与现代电商文化之间产生了一种新的、与众不同的化学反应。这种文化的融合推动了双方在思维模式、业务模式和管理模式上的创新。传统的乡村智慧与现代的电商理念相互碰撞，产生了独特的创新火花。经济的高速发展成为合作的直接成果。但这种经济发展并不是简单的线性增长，而是一种有深度、有内涵的质变。除了经济指标的增长，更重要的是双方在各个方面都走在了时代的前列。无论是在电商技术、物流配送，还是在市场推广、客户服务上，都展现了鲁西"淘宝村"的领先优势。但领先不仅仅是为了赢得市场和利润，更重要的是为了提供一个可复制、可借鉴的模式。当下的乡村正面临从传统到现代、从农耕到电商的巨大转型。在这样的背景下，"淘宝村"不仅是鲁西的骄傲，更是全国乃至全世界乡村发展的范本。它提供了一种新的发展模式，指引了乡村发展的方向。

（二）非遗与电商：文化遗产的现代呈现

遥想古时，乡村的非物质文化遗产如同那流淌的清泉，静静地穿梭在乡野之间，记录着一个个过去的岁月与传统的技艺。随着时代的进步和技术的革新，这些曾经的宝藏一度面临失传的命运。但在"淘宝村"的努力下，一个全新的"非遗＋电商"的模式呈现在人们眼前，它为那些濒临失传的文化遗产揭开了新的生存空间。这种创新模式不是简单地将传统文化搬到线上平台进行展示和销售，而是一种对非物质文化遗产的现代诠释。想象一下，当传统的匠人技艺与现代的电商技术相结合，那会是一种怎样的火花？当地域的特色美食、手工艺品、民间舞蹈和音乐都在"淘宝村"这个电商平台展现，它们不仅能够得到更广泛的传播，还能为现代消费者带来一种全新的体验。消费者不再仅仅是购买一件商品或服务，更多的是在体验一种文化、一种传统和一种历史。

这种"非遗+电商"的模式，还带动了乡村经济的发展。传统的匠人和艺人，不再受限于地理位置和传统的销售方式，他们可以通过"淘宝村"这个平台，将自己的作品推向全国乃至全球。这不仅提高了他们的经济收入，也使他们的技艺和作品得到了更广泛的认可和传播。这样，传统与现代、历史与未来在这个模式下得到了完美的融合。而对于现代消费者来说，他们不再只是在购买一种商品或服务，更多的是在体验一种文化和传统。当他们在"淘宝村"购买一件手工艺品，或者品尝一道地域特色的美食，背后都蕴含深厚的文化底蕴和传统匠人的精湛技艺。这种体验，无疑为他们的生活带来了更多的色彩和情感。

（三）经济结构的演变与社会转型的回响

走进新时代，人们仿佛置身于时代的交响乐中，有快板也有慢板，有高潮也有低谷。在这场交响乐中，"淘宝村"如同一位独奏者，与时代和谐共鸣，但也时常面对新的挑战和机遇。当网络经济如春风吹拂大地，改变了传统商业模式和人们的消费习惯时，"淘宝村"迅速适应，认识到网络经济带来的巨大变革并不局限于经济层面，而是深入社会结构、价值观念和生活方式等层次，是一场触及灵魂的转型。

每一次技术革命和经济结构的演变都会带来社会转型的回响。这种回响既是积极的推动力量，也有可能带来的风险和挑战。面对网络经济的崛起，消费者的习惯和需求发生了巨大的改变，他们更倾向于线上消费，更加注重品质和体验。对于"淘宝村"来说，这意味着必须进行自我革新，不断适应市场的变化，以满足消费者的新需求。但这种转型绝不是简单"跟风"或"模仿"。它需要"淘宝村"深入思考，如何在维持自己的传统文化和特色的同时，融合现代技术和市场需求。这是一场关乎"淘宝村"生存和发展的转型，它需要全村的智慧和努力。进一步而言，这种转型还涉及更深层次的社会结构和价值观念的改变。在网络经济的推动下，信息传播变得更为迅速和广泛，乡村的居民不再局限于传统的生活方式和思维模式。他们开始思考，如何在现代社会中找到自己的位置，如何与外界更好地互动和交流。这种转型也给"淘宝村"的社会结构带来了挑战。传统的社会结构可能受到冲击，新的社会角色和关系可能形成。这就要求"淘宝村"不仅要在经济层面进行调整，还要在社会层面进行深入的探讨和改革。

（四）交响乐章中的和谐与碰撞

走入"淘宝村"，仿佛听到了一部交响乐，时而高昂激越，时而低沉细腻。这部乐章是由鲁西的地缘优势、电商创新，以及社会转型的挑战等多种音符组成的，折射出乡村发展的复杂性和多元性。鲁西的地缘优势为"淘宝村"的发展提供了得天独厚的条件，无论地理位置、资源禀赋还是文化底蕴，都为"淘宝村"的电商创新提供了肥沃的土壤。而"淘宝村"的电商创新也是对这种地缘优势的最佳回应。这是交响乐章中的和谐部分，两者相互呼应，为乡村发展创造了条件。

和谐并不意味着没有挑战。乡村电商的领先使"淘宝村"走在了时代的前沿，但这种领先也带来了众多的社会转型挑战。乡村的生活方式、价值观念、社会结构都在这场转型中受到了挑战。这是交响乐章中的碰撞部分，它带来的是变革的力量和冲击。这部交响乐章还有另一个维度，那就是文化、社会和人。文化是乡村的灵魂，它为"淘宝村"的发展提供了深厚的底蕴；社会是乡村的体制，它决定了乡村的结构和运行方式；人则是乡村的核心，是乡村发展的最终受益者。这三者相互交织，构成了交响乐章的核心部分。正因为有了这样的核心，这部乐章才显得如此丰富和深邃。它不仅关乎经济，更关乎乡村的生命、情感和未来。

三、创新与传统的完美融合

（一）治理理念的升华与再造

"淘宝村"给人的第一感受不仅仅是商业的繁荣，更多的是一个具有深厚历史和文化背景的乡村治理艺术。与大多数村落的治理方法相比，这里所展现出的治理模式有其独特性，没有简单地照搬传统，也不是全然拥抱现代，而是在两者之间找到了一个恰到好处的平衡点。作为"淘宝村"的地域背景，鲁西赋予了村落一种特殊的文化基因。这里的每一片土地、每一个人、每一个故事都与历史紧密相连，都有着自己的传统与情感。对于治理而言，这种情感和传统是不可忽视的资源，它们为"淘宝村"提供了一个独特的治理基调。

但是，仅仅依赖传统并不能满足现代化乡村的发展需求。因此，"淘宝村"并没有止步于此，而是努力进行治理理念的创新。这种创新不是从零开始，而是基于传统之上，进行必要的更新和重塑。这好比一位艺术家，在创作时，既要尊重传统，又要注入自己的创意，从而创作出一幅既有传统韵味又具有现代风格的画作。"淘宝村"在治理中所展现出的这种"既尊重传统又追求创新"的理念，为村落的发展提供了强大的动力。它既确保了村民的文化认同感和归属感，又为村落的发展注入了新的活力。这种治理模式使得"淘宝村"能够在快速发展的现代社会中，保持其独特的文化特色，同时紧跟时代的步伐。这种融合传统与创新的治理模式也为其他乡村提供了宝贵的参考。它告诉人们，治理不是一个固定的模式，而是一个动态的过程，需要根据实际情况进行调整和优化。更重要的是，无论在何种情况下，都不能忘记乡村的文化和历史，它们是乡村最宝贵的财富。

（二）人才流动：本土与全球的碰撞与融合

进入电商时代，一个时代的风口之下，多少有着梦想和雄心的人涌入这一行业，期望从中获得属于自己的一片天地。而对于"淘宝村"这样一个特色鲜明的乡村电商村落来说，想要在这个浪潮中稳健前行，不被时代的巨浪所淹没，就需要依靠强大的人才支撑。人才，是乡村转型的关键。没有了解电商行业的专业人才，村落只能是一个传统的村庄，难以与外部世界产生更深入的交流和合作。而为了吸引这些人才，"淘宝村"对自己的发展策略进行了重新定位。但这里的人才流动并不仅仅是一种简单的技能交换，更是文化和价值观的交流。来自全球各地的电商精英带来了不同的文化背景和工作经验，"淘宝村"则有着深厚的本土文化和乡村智慧。两者在"淘宝村"这块特殊的土壤中进行了一场前所未有的碰撞和融合。

这种融合并不是一蹴而就的，它需要时间，需要双方的努力。全球的电商人才需要学会尊重和理解"淘宝村"的文化和历史，"淘宝村"则需要开放自己的思想，接受外来的新鲜血液。只有这样，双方才能够真正互补，共同为乡村的转型和发展贡献力量。这种人才流动所带来的好处远不止于此。它不仅加强了"淘宝村"的电商实力，更为乡村治理提供了新的视角和方法。全球的电商人才带来了前沿的理论知识和实践经验，为"淘宝村"的治理提供了新的方向和思路。"淘宝村"的本土智慧则为这些电商人才提供了一个全新的实践场域，让他们可以在这里实践和验证自己的理论和方法。可以说，这种人才流动为"淘宝村"带来了一次真正的革命。它使得村落从一个封闭的、传统的乡村变成了一个开放的、现代的乡村电商村落。在这里，无论是本土的村民，还是外来的电商人才，都可以找到自己的位置，为乡村的发展贡献自己的力量。

（三）产业链创新：深度融合的实证

在当下这个数字化时代，传统的产业链模式已经难以满足快速发展的市场需求。而乡村地区，尤其是像"淘宝村"这样的特色村落，更是面临与时代接轨的巨大压力。如何在这样的大背景下，既保持乡村的独特文化和地域特色，又能满足现代市场的需求，成为"淘宝村"的一大挑战。为了应对这一挑战，"淘宝村"进行了一系列的产业链创新探索。其中，乡村特色品牌的培育和乡村电商产业集群的创新成为两个核心的切入点。

乡村特色品牌的培育是对"淘宝村"本土资源的深度挖掘和利用。通过对本土资源的精细化、品牌化运作，不仅可以提高产品的附加值，还可以为乡村带来持续的经济效益。这种模式不仅仅是一种简单的资源利用，更是一种对乡村文化和价值观的传承和推广。通过品牌的建设和宣传，乡村的独特文化和价值观可以得到更广泛的传播，从而吸引更多的消费者和投资者。乡村电商产业集群的创新则是对现代市场需求的深度响应。在这个电商高速发展的时代，单一的产品和服务已经难以满足市场的需求。"淘宝村"正是利用了这一市场趋势，构建了一个乡村电商产业集群，为消费者提供了一个一站式的购物和体验平台。这种模式不仅为"淘宝村"带来了丰富的产品和服务，更为乡村创造了大量的就业和经济增长机会。通过这两大核心的创新探索，"淘宝村"成功地整合了传统与现代的产业链，构建了一个既有乡村特色，又能满足现代市场需求的独特产业模式。这种模式不仅为"淘宝村"带来了持续的经济增长，更为乡村注入了新的活力和希望。

（四）"三治一体"：强大的治理支柱

在乡村的发展和转型过程中，治理一直是最关键、最核心的部分。良好的治理模式能够为乡村的持续、健康发展提供坚实的基石。而对于鲁西"淘宝村"这样一个充满活力、拥有独特文化背景的乡村来说，建立一个既符合本土实际又能与时俱进的治理体系是其发展的关键。"三治一体"的治理模式正是在这样的背景下应运而生的。

"三治"指的是"自治、法治、德治"，"一体"则指的是这三者的完美结合和互动。在这一模式中，"自治"强调了乡村自主管理、自决的重要性，让乡村居民能够真正参与到乡村的治理和发展中，感受到自己是乡村建设的主人，从而激发出他们更大的积极性和创造性。"法治"为乡村治理提供了清晰的规范和框架，确保乡村发展的方向是正确的，方式是合法的，过程是公正的。"德治"为乡村治理提供了道德和伦理的指引，确保乡村的发展不仅仅是物质上的，更是精神上的，能够真正达到人与自然、人与人的和谐共生。"一体"则是对这三种治理方式的高度整合和融合。在"三治一体"的模式下，乡村治理不再是孤立、碎片化的，而是一个有机、完整的整体。每一个治理方式都在其独特的领域发挥出最大的作用，同时相互补充、相互促进，形成了一个强大的治理体系。这一治理体系的建立，不仅仅是对传统乡村治理模式的继承和发扬，更是对现代治理理念的引入和融合。在这一过程中，鲁西"淘宝村"不仅仅是简单地模仿或者拷贝，而是真正地理解、吸收，并融入自己的实际中。这种融合体现在策略和方法上，也体现在深层次的文化和哲学上。在这一融合中，鲁西"淘宝村"成功地找到了一个既有乡村特色又符合现代化需求的治理之道。

第二节 展望

一、实现数字技术与乡村治理的完美融合

（一）加强数字基础设施建设

在鲁西"淘宝村"这片充满活力的土地上，数字技术与乡村治理正呈现出一种充满可能性的完美融合。这片土地上的人们，凭借与生俱来的勤劳与智慧，已经探索出一条与众不同的发展之路。而数字技术，作为现代社会的重要驱动力，正逐渐成为推动鲁西"淘宝村"走向更广阔未来的关键。加强数字基础设施建设是实现数字技术与乡村治理完美融合的基石。鲁西"淘宝村"不仅要拥有稳定的网络服务，确保村民在日常生活中可以便捷地上网、交流、购物、学习，更要进一步探索前沿技术在乡村治理中的应用，助力乡村智慧化建设。

例如，鲁西"淘宝村"可以利用大数据对村民的需求、市场变化进行深入分析，为村民提供更加精准的市场导向信息，帮助他们开展更具针对性的电商活动。同时，鲁西"淘宝村"可借助人工智能实现对乡村

治理中的各种问题的智能诊断，为决策者提供科学、合理的决策建议。互联网和5G技术还可以助力鲁西"淘宝村"与外界进行更加便捷、高效的交流与合作。通过互联网平台，村民可以与全国，乃至全球的消费者直接对接，实现农产品的线上销售，拓宽销售渠道，提高收入。当然，随着数字技术在乡村治理中的广泛应用，鲁西"淘宝村"也会面临一些新的挑战。如何确保数字技术真正惠及村民，防止技术鸿沟的出现？如何确保数据安全？这些问题都需要鲁西"淘宝村"在未来的乡村治理中给予充分重视。但无论如何，数字技术已经成为鲁西"淘宝村"未来发展的重要引擎，只要妥善利用、不断创新，必定能够让乡村迈向更加美好的未来。

（二）创新数字技术在农业生产中的应用

对于鲁西"淘宝村"而言，数字技术不仅仅意味着农业生产的革命，而是一个更广泛的范围——特色产业的深度发展与变革。在这样一个集合了电商与传统文化、历史遗产与现代技术的村庄，创新数字技术在特色产业中的应用，不仅可以促进经济发展，更能够带动乡村振兴。

例如，鲁西"淘宝村"可以考虑建立基于区块链的供应链平台，以确保产品从生产到销售的每一个环节都是透明的。这样不仅可以提升消费者的信任度，还能有效提高供应链的效率。在此基础上，鲁西"淘宝村"可以利用大数据和机器学习，可以更精准地分析消费者行为和市场趋势，帮助村民更好地调整产品和策略。

（三）数字技术在乡村公共服务中的应用

鲁西"淘宝村"借助电商的发展，带动了当地特色产业的繁荣，从中也孕育出大量的数据。这些数据在数字技术的帮助下，变得更加宝贵。透过这些数据，乡村治理者能够更好地理解村民的需求，从而提供更为精准和人性化的公共服务。以乡村公共服务为例，移动支付平台如支付宝、微信支付等，使得村民无须长途跋涉到集镇中心，便能轻松完成各项公共费用的缴纳，极大地提高了生活便利性。

云计算和大数据则为乡村的健康和教育服务带来了前所未有的革命。例如，通过云技术，即使是偏远的村庄也能接入全国最优质的教育资源，村民可以在家通过线上平台听取各类课程、接受技能培训。这种教育模式不仅打破了地域限制，还能针对不同村民的学习需求和兴趣提供个性化的课程推荐，使得教育更加精准和高效。同样，健康服务在数字技术下得到了彻底的改变。当地医疗机构可以通过大数据分析，提前预测村民可能的健康风险，从而为村民提供更为精准的健康建议和预防措施。同时，村民能够在线上平台进行健康咨询，减少了前往医疗机构的时间和成本。

（四）数字技术在乡村治理中的决策支持

在鲁西"淘宝村"，特色产业的蓬勃发展形成了丰富的数据池。借助大数据，鲁西"淘宝村"能够对这些数据进行深度挖掘和分析，从中获取对乡村治理有利的信息。想象一下，村民的购物习惯、搜索关键词、浏览记录、意见反馈等，都可以成为鲁西"淘宝村"的决策依据。通过对这些数据的分析，鲁西"淘宝村"可以更加准确地了解村民的实际需求、消费倾向、对特色产业的看法等，进而为乡村治理提供有力的决策支持。

进一步而言，借助人工智能可以实现对大数据的实时分析。这不仅仅是对过去数据的统计和总结，更是对未来的预测和分析。想象一下，在某个特定的节日或活动期间，能够根据村民的购物数据预测其需求，进而进行合理的库存和物流安排，这无疑为特色产业的持续发展提供了有力保障。大数据和人工智能还可以帮助乡村治理者预测和应对各种潜在的社会、经济和环境风险：通过对村民的意见和反馈进行实时分析，可以及时发现并解决村民之间的矛盾和纠纷，保证乡村的和谐稳定；通过对环境数据的监测和分析，可以预测并应对各种环境风险，如污染、自然灾害等，确保乡村安全。而在决策的过程中，大数据和人工智能还可以为乡村治理提供客观、科学的决策依据。

二、本土化与全球视野的双重拓展

(一) 加强文化保护与传承

文化是乡村所依托的根基。在鲁西"淘宝村",悠久的历史和丰富的地域文化早已渗透是宝贵的文化资源,只有确保这些文化资源得到有效的保护和传承,才能真正实现乡村的长远发展。

鲁西"淘宝村"可以组织专业团队,对古老的手工技艺、传统节庆和风俗等进行系统性、科学性的记录和深入的研究,形成一套完整的档案,为这些文化资源在未来的传承和推广奠定基础。同时,鲁西淘宝村可以开展各种文化活动,如手工技艺大赛、传统节庆庆典、风俗展览等,让村民重新认识并珍惜自己的文化,同时吸引外来游客,为乡村带来新的经济增长点。但是,单纯的本土化保护并不足以应对当前复杂多变的外部环境。鲁西"淘宝村"还需要拥有全球视野,将自己的文化特色与全球的机遇相结合,创造新的价值。例如,鲁西"淘宝村"可以考虑与其他国家和地区的类似乡村建立合作关系,进行文化交流和经验分享。

(二) 推广乡村特色产品至国际市场

作为一个直接、便捷和广泛的销售渠道,电商平台无疑是乡村特色产品走向国际市场的主要桥梁。通过与国际知名电商平台如Amazon、eBay等合作,鲁西"淘宝村"可以轻松地将产品展现在全球消费者面前。这种合作模式不仅大大降低了进入国际市场的门槛,还为特色产品创造了更多的展示和销售机会。

参加国际农产品展览会则是另一种重要的推广方式。在这种场合,鲁西"淘宝村"的产品不仅可以获得业内关注,还有机会得到与国外买家、经销商直接接触的机会。这不仅有助于增加订单,还可以为未来的合作和扩张铺路。但单纯的销售并不是终点,为了真正将特色产品推向国际市场,鲁西"淘宝村"还需要进行品牌建设和营销策略的优化。例如,鲁西"淘宝村"可以邀请国外有影响力的人物或意见领袖来村里体验生活,与当地村民互动,然后通过他们的社交媒体或其他渠道宣传推广。这种方式不仅可以吸引更多的关注,还能为产品赢得更多的信任和好评。

三、人才战略的长期规划与执行

(一)建立持续的人才培养体系

在一个快速发展的时代,人才无疑是最重要的资源。鲁西"淘宝村"作为电商领域的佼佼者,面临的不仅是如何拓展业务的问题,还有如何长远地看待人才战略,确保村庄的持续和稳定发展等问题。建立持续的人才培养体系是解决此类问题的关键,但这并不是一个短期行为,而是需要深入思考和规划的长期项目。村民是这个体系的基石,他们对村庄的繁荣起着决定性作用。因此,如何使村民具备更多的知识和技能,成为一个迫切需要解决的问题。

电商操作已经成为鲁西"淘宝村"的核心业务,但随着时间的推移和技术的进步,这一领域也会不断发展和变化。因此,提供针对性的电商操作培训尤为重要。这不仅可以帮助村民更好地适应市场的变化,还可以提高他们的业务水平和工作效率。而且,通过定期的培训和学习,村民可以保持与市场的同步,确保不被时代淘汰。与周边高等教育机构合作是一个很好的方式,其可以为村民提供更多的学习资源和学习机会,如专业课程、实践项目、实习机会等,有利于村民丰富知识、提高技能。

(二)与外部研究机构紧密合作

外部研究机构具有深厚的学术背景和研究经验,它们所积累的知识、技术和资源为村庄的发展提供了无可估量的价值。借助这些资源,鲁西"淘宝村"可以在多个方面得到提升。

外部研究机构往往拥有最新的研究成果和技术,这为鲁西"淘宝村"的特色产业提供了前沿的技术支持。例如,电商领域的最新技术、市场趋势分析、消费者行为研究等都能为"淘宝村"提供有力的策略指导。

同时，深入合作可助力"淘宝村"在市场中发现新的机会和潜在的风险，为其制定更加具有针对性的策略。邀请专家来村进行专题讲座，不仅可以为村民提供丰富的知识，还能够激发村民的学习兴趣，使他们更加主动地参与到乡村的治理和发展中。此外，通过与外部机构的合作，村民还有机会参与到各种实践项目中，从而更加深入地应用所学的知识。与外部研究机构共同开展研究项目，可以更好地解决村里面临的具体问题。这样的合作模式既可以充分利用外部机构的专业优势，又能够确保研究成果真正落地并发挥作用，有利于提高"淘宝村"的知名度和影响力。

（三）为人才提供实践机会

人才是乡村发展的核心资源，是乡村治理实践中的宝贵财富。然而，单纯的培训课程无法满足人才全面发展的需求。为他们提供实践机会，使其在真实的工作环境中得到锻炼，是关键的一步。除了真实的实践经验，模拟演练也是一个不可忽视的方法。鲁西"淘宝村"可以组织相关的模拟活动，如模拟产品上线等。这样可以在一个相对安全的环境中让人才试错，磨炼他们的危机处理能力。鲁西"淘宝村"也可以为人才提供现实任务，提升他们的能力，如让这些人才负责某个特定的项目，如特色产业的品牌推广、线上市场的拓展等。面对真实的挑战和问题，他们需要动用自己的知识和技能来解决，从而达到真正的能力提升。

除了以上方面，工作环境也很重要。这里所说的工作环境并不仅仅是办公设备或场地，更多的是文化、氛围、团队合作等软环境。例如，鲁西"淘宝村"可以鼓励团队之间的交流与合作，定期组织团队建设活动，让这些人才在工作中感受到家的温暖和团队的支持。

四、深度挖掘文化价值，打造乡村治理品牌

（一）打造文化特色乡村旅游

淘宝村所在的鲁西地区，历史悠久，文化丰富。无论是地方的传统工艺、美食、建筑，还是各种非遗项目，都是文化旅游的独特资源。淘

宝村可以考虑资源整合，将一些传统的非遗项目进行包装和推广。例如，刺绣、木雕等手工艺品不仅可以用于销售，还可以结合电商平台进行线上直播，让手艺人现场展示自己的手艺，与消费者互动，让消费者感受传统文化的魅力。

与传统的观光旅游不同，文化体验式旅游更注重游客的参与和体验。淘宝村可以开设一些文化工坊，如陶瓷工坊、传统食品制作工坊等，让游客亲自动手，体验传统文化的乐趣。同时，淘宝村可以考虑与其他具有文化特色的乡村合作，形成一个文化旅游联盟，通过共同的宣传和推广，提高整个鲁西地区的知名度和影响力，吸引更多的游客前来。此外，淘宝村还可以与地方政府、企业、学术机构等合作，共同打造文化品牌，促进乡村治理的深入发展。

（二）建设乡村文化体验馆

在一个时代高速发展，快节奏生活成为主流的背景下，人们更加渴望找到一个地方，可以放缓脚步，静心感受和体验乡村文化。淘宝村位于鲁西地区，这里积淀了丰富的历史与文化，也是一个潜在的文化旅游胜地。在文化体验馆内，每一件展品、每一个角落都是鲁西地区历史文化的见证。从这里，人们可以看到淘宝村的发展历程，了解这片土地上的传统工艺、习俗、非遗项目，以及淘宝村村民的生活方式和思维观念。

为了更好地打造文化体验馆，淘宝村需要从以下几方面考虑：一是内容策划。文化体验馆的内容应当全面、真实地反映鲁西地区的历史文化。淘宝村可以邀请历史专家、当地的老艺人等进行内容策划，确保展品的真实性和权威性。二是互动体验。除了传统的展览方式，淘宝村还可以设置一些互动体验区域，如手工艺体验、非遗项目体验、乡村传统习俗体验等，让游客亲身参与，深入体验淘宝村的文化。三是线上推广。淘宝村可以结合现代技术，如虚拟现实、增强现实等，进行线上推广，使更多的人通过网络了解淘宝村的文化。四是文化活动。淘宝村可以定期在文化体验馆内举办一些文化活动，如文化论坛、工艺展示、艺术表演等，吸引更多的人前来参与和体验。

（三）强化非遗与现代电商的融合

非物质文化遗产简称非遗，是一个地方文化与历史的生动记忆。这种记忆不仅体现在古老的工艺、独特的艺术形式中，更传递了一个地方，甚至一个民族的精神与智慧。电商的兴起为乡村注入了新的生机，为乡村的特色产业提供了更广阔的市场。非遗与现代电商的融合无疑是打破传统与现代界限的一种方式，将古老的文化遗产与现代生活相结合，为其找到新的生存空间。

为了让非遗项目在现代电商中得到更好的展现与传播，淘宝村可以采用三项策略：一是故事营销。每一个非遗项目背后都隐藏着一个故事，这些故事充满了人情味、历史与传统。淘宝村可以通过视频、图文等形式讲述这些故事，让消费者在购买产品的同时，拥有一次文化与历史的体验。二是限量销售。为了保证非遗产品的质量和独特性，淘宝村可以采用限量销售的策略，强调每一个产品都是手工打造，每一件都是艺术品。三是互动营销。淘宝村可以鼓励消费者参与非遗项目的体验与制作，如线上直播、线下体验课程等，深化消费者对非遗产品的了解。

（四）加强文化教育与交流

鲁西淘宝村所处的地理位置、历史背景赋予了它独特的文化底蕴。当前，如何继续保持并加强对这些独特文化的传承，是每一个村民、每一个淘宝商家、每一个关心鲁西淘宝村发展的人需要思考的问题。文化如同树苗，需要在每一个孩子的心中种下，让它生长，让它扎根。文化教育的重要性不言而喻。鲁西淘宝村可以从几方面入手：一是讲座与工作坊。定期邀请鲁西地区的文化学者、艺人等来村开设讲座、工作坊，让村民直接与这些文化传承者面对面，听他们讲述鲁西的历史、传统和艺术，亲自参与到各种文化活动中，如学习传统手工艺、民间舞蹈、乡土音乐等。二是文化体验日。每月或每季度设定一个文化体验日，鼓励村民和淘宝商家组织各种与鲁西文化相关的活动，如展示传统手工艺品、表演民间舞蹈、唱传统歌曲等。

另外,与其他地区的淘宝村进行文化交流,不仅可以让鲁西淘宝村的村民开阔眼界,了解其他地方的文化,还可以找到与其他村庄合作的机会,共同推广和保护传统文化。鲁西淘宝村也可与其他淘宝村建立姊妹村关系,定期组织互访活动,让村民有机会到其他地方体验不同的文化,也欢迎其他地方的村民来鲁西淘宝村参观、体验。

参考文献

[1] 龙献忠. 治理理论视野下的政府与大学关系研究 [M]. 长沙：湖南大学出版社，2007.

[2] 俞可平. 治理与善治 [M]. 北京：社会科学文献出版社，2000.

[3] 许波. 组织协同、治理下沉与新时代乡村治理的有效性 [D]. 南昌：江西财经大学，2022.

[4] 李明. 新时代"三治结合"乡村治理体系研究 [D]. 长春：吉林大学，2022.

[5] 毛一敬. 基层治理现代化背景下的乡村治理共同体研究 [D]. 武汉：华中科技大学，2022.

[6] 吴军. 新型农业经营主体与乡村治理结构优化研究 [D]. 成都：西南财经大学，2021.

[7] 易柳. "三治融合"乡村治理体系的形成、运行及完善研究：基于湖北省陈家棚村的实证调查 [D]. 武汉：华中师范大学，2020.

[8] 李锋，王俊梦. 中国式现代化视角下乡村治理框架研究 [J]. 河海大学学报（哲学社会科学版），2023，25（4）：39-53.

[9] 王琳. 乡村振兴战略下乡村治理存在问题及建议 [J]. 河南农业，2023（24）：50-52.

[10] 徐薇，胡潇. 社会组织参与乡村治理的必要性、主要困境及对策 [J]. 智慧农业导刊，2023，3（17）：86-89.

[11] 张继良，宋俊敏. 中国特色乡村治理体系建设论纲 [J]. 河北学刊，2023，43（5）：15-23.

[12] 卫松，邱媛雯. 技术治理视角下我国乡村治理的理论探索与实践 [J]. 贵州民族大学学报（哲学社会科学版），2023（4）：68-79.

[13] 程银，李建军. 新时代乡村治理共同体建设问题检视与路向 [J]. 中共云南省委党校学报，2023，24（4）：164-172.

[14] 林元城，杨忍，杨帆. 面向乡村振兴的淘宝村发展转型及其现代化治理框架探索 [J]. 湖南师范大学自然科学学报，2022，45（2）：34-45.

[15] 李杨. 乡村振兴战略下农村电商发展困境及对策 [J]. 决策咨询，2021（4）：63-66.

[16] 傅晋华. 基于"淘宝村"现象的乡村治理问题研究 [J]. 中国国情国力，2021（1）：15-17.

[17] 彭亮，高维新. 乡村振兴战略视域下我国淘宝村治理创新及发展策略 [J]. 江苏农业科学，2020，48（15）：8-12.

[18] 傅贤达，麦强盛，罗艳萍. 协同治理视角乡村治理中公民参与研究：以万溪冲为例 [J]. 农村实用技术，2022（6）：16-18.

[19] 白玉荣，厉尽国. 乡村振兴战略背景下乡村治理"三治"融合发展研究 [J]. 山东农业工程学院学报，2023，40（7）：13-18.

[20] 易梦秋. "三治合一"乡村治理体系的形成逻辑、内在机理和推进路径 [J]. 农村经济与科技，2023，34（13）：168-170.

[21] 陈传进. 乡村治理中乡贤文化的时代价值及其实现路径 [J]. 农村经济与科技，2023，34（12）：158-161.

[22] 唐伟. 新时代"三治结合"乡村治理体系建设研究 [J]. 产业与科技论坛，2023，22（10）：241-242.

[23] 纪程,于海飞.个体性与组织化协同:破解乡村治理主体缺位的一种实践逻辑[J].农业经济,2022(11):49-51.

[24] 尹博文.数字政府优化乡村治理能力的双重困境、深层原因及法律应对[J].现代经济探讨,2022(11):123-132.

[25] 吴琳,孟圆圆.乡村振兴战略背景下加快推进乡村治理现代化转型的思考:基于长春市九台区城子街街道的实践调研[J].农家参谋,2022(22):1-3.

[26] 曾昕皓,颜怀坤.全面推进乡村振兴视域下乡村基层治理实践理路探析[J].当代县域经济,2022(11):40-43.

[27] 张继良,邵凡.乡村治理主体职能结构的调整与优化[J].河北学刊,2022,42(6):159-166.

[28] 张媛.乡村振兴战略下乡村治理的推进实践及未来展望:基于124份政府工作报告的文本分析[J].农业与技术,2022,42(20):145-149.

[29] 陈娇娇.乡村振兴视域下基层党建引领乡村治理路径研究:基于莱西市"一统领三融合"模式的思考[J].甘肃农业,2022(10):18-22.

[30] 陈超,李祥,杭杨.农民参与乡村治理意愿影响因素分析:以江西省为例[J].南方农机,2022,53(20):115-119.

[31] 陈澳,赵一夫.返乡群体参与乡村治理意愿研究:基于村庄资源禀赋认知和个体资本差异分析[J].重庆社会科学,2022(10):69-82.

[32] 何志武.主体性与连接性:县级融媒体参与乡村社会治理的基本逻辑[J].中州学刊,2022(10):158-165,2.

[33] 应永利.乡村治理格局变迁与未来走向:基于浙江实践的考察[J].

天水行政学院学报, 2022, 23 (5): 40-45.

[34] 钟卓良, 韦少雄. 高效能型乡村治理: 生成机理、现实困境与实现路径[J]. 理论导刊, 2022 (10): 81-88.

[35] 陈荣卓, 戴欢欢. 信息化条件下乡村治理联结的再建: 结构与路径[J]. 社会主义研究, 2022 (5): 105-112.

[36] 林笑笑. 长三角一体化乡村治理共融共享共建机制研究[J]. 安徽农业科学, 2022, 50 (19): 239-242, 245.

[37] 董翠华. 乡村治理"三治融合"的路径优化探析: 以 Y 镇为例[J]. 市场周刊, 2022, 35 (10): 45-48.

[38] 孙颖, 刘洋, 周红云. 新时期乡村治理现代化面临的现实挑战及其数字化发展对策[J]. 农村经济与科技, 2022, 33 (18): 110-113.

[39] 沈迁. 乡村治理现代化背景下复合型治理的生成逻辑: 以"三元统合"为分析框架[J]. 南京农业大学学报 (社会科学版), 2022, 22 (5): 90-101.

[40] 张成岗, 王明玉. 数字赋能乡村治理的行动逻辑及推进路径: 以吉林省 X 村为例[J]. 行政管理改革, 2022 (9): 21-30.

[41] 王美文, 曹艳勤, 郁琛. "清单制"乡村治理模式的行为逻辑和运行机制: 基于武汉市蔡甸区的实证案例分析[J]. 湖北工程学院学报, 2022, 42 (5): 29-34.

[42] 张茂元, 黄芷璇, 王飞飞. 青年流动中的乡村治理危机及其数字化应对[J]. 青年探索, 2022 (5): 17-26.

[43] 辛璟怡, 于水. 乡村有效治理的困境与超越: 治理资源配置的视角[J]. 农村经济, 2022 (9): 67-75.

[44] 王冰丽, 武艳敏. 共同富裕视域下乡村治理能力提升的制约因素与破解路径[J]. 贵州社会科学, 2022 (9): 160-168.

[45] 黄慧.优化与重塑：基层乡村治理的优化路径探析[J].山西农经，2022（17）：60-62.

[46] 赵燕萍.新形势下乡村治理法治化现状困境以及发展路径探析[J].山东农业工程学院学报，2022，39（9）：7-12.

[47] 丁舒雅.论乡村治理现代化视域下农民政治参与优化[J].信阳师范学院学报（哲学社会科学版），2022，42（5）：19-23，44.

[48] 何得桂，吉李敏.国内学界的乡村治理积分制研究：回顾、反思与展望[J].社会科学论坛，2022（5）：180-188.

[49] 安娜.全面乡村振兴视域下推进乡村治理现代化的实践理论[J].农家参谋，2022（17）：7-9.

[50] 邓希海，李祥，赵小婧等.乡村振兴背景下乡村治理人才胜任能力模型构建、靶向培养模式探索与实践[J].农村经济与科技，2022，33（16）：119-121.

[51] 葛大永，国子健.基于人才下乡背景下的乡村治理模式探索：以江苏省丰县大沙河镇为例[J].小城镇建设，2022，40（8）：59-65.

[52] 王艺璇.乡村治理何以有效：农民的理解与期盼[J].中国农业大学学报（社会科学版），2022，39（4）：89-105.

[53] 蒋国河，刘莉.从脱贫攻坚到乡村振兴：乡村治理的经验传承与衔接转变[J].福建师范大学学报（哲学社会科学版），2022（4）：60-71，171.

[54] 石森森，张迪迪，徐祖迎.乡村振兴战略背景下创新乡村治理体系研究[J].齐齐哈尔大学学报（哲学社会科学版），2022（7）：77-80.

[55] 李三辉，曹梦.现代化治理格局下健全乡村治理体系的逻辑与推进思路：基于河南省的实践审视[J].乡村科技，2022，13（14）：

10-13.

[56] 贺海波.乡村传统文化激活乡村治理研究：贵州例证[J].湖北第二师范学院学报，2022，39（7）：53-60.

[57] 王艳龙，李广.我国乡村治理路径研究现状、热点主题与发展脉系：基于 CiteSpace 知识图谱可视化分析[J].行政与法，2022（7）：17-28.

[58] 应钧舟，全佳瑛.乡村振兴背景下大学生助力乡村治理的对策研究[J].现代商贸工业，2022，43（17）：28-30.

[59] 储华林.数字乡村建设创新乡村治理的内在逻辑与实践路径[J].福建农林大学学报（哲学社会科学版），2022，25（4）：17-23，52.

[60] 吴琪.新时代乡村治理创新的多维依据、实践表达及优化路径：以第三批乡村治理典型案例为研究对象[J].山西农经，2022（12）：5-9.

[61] 梁丽芝，赵智能.乡村治理中的农民主体性困境：样态、缘起与突破[J].中国行政管理，2022（6）：151-153.

[62] 陈杰.参与式治理视角下乡村治理现代化问题研究：以德庆县为例[J].甘肃农业，2022（6）：42-44.

[63] WEISS T G. Governance, good governance and global governance: conceptual and actual challenges [J].Third world quarterly, 2000, 21（5）: 795-814.

[64] ESTY D C. Good govermance at the supranational scale: globalizing administrative law [J] The yale law journal, 2006, 115（7）: 1490-1562.

[65] ROWE G, FREWER L J. Public participation methods: a framework for evalu ation[J] .Science, technology& human values, 2000（1）3-29.